EL ARTE DE DEJAR IR

EL DOLOR EMOCIONAL Y LAS RELACIONES TÓXICAS

 JEROME PURYEAR MD

Aviso legal

La información contenida en este libro se proporciona únicamente con fines educativos e informativos, y no debe basarse en ella como sustituto de asesoramiento profesional. Se ha hecho todo lo posible por presentar información precisa, fiable y actualizada; sin embargo, no se ofrecen garantías de ningún tipo, expresas ni implícitas, sobre su integridad, exactitud o idoneidad para un propósito específico.

El autor y el editor no prestan asesoramiento médico, legal, financiero, psicológico ni otros servicios profesionales. Los lectores deben consultar a un profesional debidamente autorizado antes de aplicar cualquiera de las estrategias, técnicas o recomendaciones aquí descritas.

Al leer este libro, usted acepta que, bajo ninguna circunstancia, el autor ni el editor serán responsables de pérdidas, lesiones o daños directos o indirectos derivados del uso o mal uso del material contenido, incluidos, entre otros, errores, omisiones o inexactitudes.

Todas las marcas comerciales, nombres de productos y nombres de empresas mencionados son propiedad de sus respectivos titulares y se utilizan únicamente con fines identificativos.

Los libros de Eternaverse Publishing pueden adquirirse en grandes cantidades para uso empresarial, educativo o promocional. Para más información, contacte a su librero habitual o a Eternaverse Publishing en SpecialMarkets@eternaversepublishing.com.

Los autores de Eternaverse Publishing están disponibles para conferencias y eventos.

Para más información, escriba a SpeakerBureau@eternaversepublishing.com.

Elogios para *El arte de dejar ir el dolor emocional y las relaciones tóxicas*

«*El arte de dejar ir el dolor emocional y las relaciones tóxicas* es a la vez práctico y profundamente empático: una verdadera joya. El Dr. Puryear crea un espacio seguro donde la vulnerabilidad se celebra como fortaleza, un mensaje especialmente poderoso para adolescentes. Los ejercicios prácticos, como los rituales de escritura y el establecimiento de límites, hacen que las enseñanzas sean tangibles y transformadoras. Con un enfoque integral que aborda las presiones sociales, las relaciones y la independencia, este libro es un recurso invaluable para educadores, mentores y cualquier persona que busque un equilibrio emocional más saludable».

—Marie-Hélène Fasquel, Readers' Favorite

«Lo que más me gustó de *El arte de dejar ir el dolor emocional y las relaciones tóxicas* fue cómo va más allá de la teoría para ofrecer ejercicios prácticos y fáciles de seguir que pude aplicar tanto en mi vida personal como profesional. El Dr. Puryear escribe con honestidad y profundidad, convirtiendo cada capítulo en un paso hacia la propia sanación y redescubrimiento. El recorrido se siente íntimo y transformador, despertando reflexión, inspiración y un crecimiento genuino. Es una guía cercana y reveladora que recomiendo ampliamente a adolescentes, jóvenes adultos, padres, educadores y profesionales del bienestar».

—Salina Coria, Readers' Favorite

«*El arte de dejar ir el dolor emocional y las relaciones tóxicas* es una guía compasiva y transformadora que me ayudó a redescubrir mi fortaleza y mi valor personal. El Dr. Puryear combina de forma hermosa la practicidad con la empatía, mostrando que elegirse a uno mismo es un acto de amor profundo. Sus estrategias reflexivas, ejercicios introspectivos y prácticas de atención plena hacen que la sanación sea accesible y personal. Este libro me recordó que el dolor no me define y que la resiliencia, la autoconsciencia y la inteligencia emocional pueden convertir incluso los momentos más difíciles en un crecimiento profundo».

—Jessica Barbosa, Readers' Favorite

«El arte de dejar ir el dolor emocional y las relaciones tóxicas es una guía verdaderamente empoderadora y compasiva que me hizo sentir capaz y acompañado. El enfoque alentador del Dr. Puryear demuestra que el cambio real está al alcance, ofreciendo herramientas prácticas para soltar el pasado y construir relaciones más saludables. Su orientación cuidadosa fomenta la confianza, la autoconsciencia y el equilibrio emocional, dejando a los lectores con la certeza de que la paz y la libertad no solo son posibles, sino alcanzables a través de decisiones conscientes y amorosas».

—Asher Syed, Readers' Favorite

«El arte de dejar ir el dolor emocional y las relaciones tóxicas es una guía inspiradora y educativa que hace que la sanación emocional sea práctica y alcanzable. Los ejercicios reflexivos y las conclusiones claras del Dr. Puryear ayudan a interiorizar cada lección y aplicarla a la vida diaria. Al centrarse en la autocompasión, la atención plena y la empatía, el libro ofrece un enfoque realista para reducir el estrés y la ansiedad en un mundo acelerado y exigente. Es una lectura imprescindible para cualquiera que se sienta agobiado por las expectativas y esté listo para recuperar la paz mental».

—Pikasho Deka, Readers' Favorite

«Algunos de nosotros hemos pasado por una auténtica revolución solo para sobrevivir a nuestra crianza, sin mencionar vivir en un mundo lleno de corrupción, abuso y mentiras. Sobreviven los resilientes, y son libros como *El arte de dejar ir el dolor emocional y las relaciones tóxicas* los que te dan las herramientas no solo para sobrevivir al barro, sino para salir adelante y vivir con alegría sin importar lo que hayas vivido. Lee este libro y sigue sus consejos para fortalecer tu resiliencia».

—Angela Shelton, actriz, guionista, directora y productora de cine

Para cada joven que alguna vez sintió el peso del mundo sobre sus hombros, que cargó con un dolor que no le correspondía y que está listo para elegir su propia paz.

Este libro es una carta de amor a tu resiliencia y una guía para volver a tu yo auténtico.

¡AYUDA A CORRER LA VOZ!

Si este libro te ayudó a **dejar ir una herida del pasado**, **poner un límite saludable**, o simplemente a **encontrar un poco más de esperanza en un día difícil**, te agradecería mucho que dejaras una reseña en Amazon.

Escanea el código QR de abajo
para compartir tu reflexión.

Tus palabras importan: tu historia puede ayudar a alguien más a comenzar su proceso de sanación.

Cada reseña ayuda a que otros descubran este libro y recuerda a otros adolescentes y jóvenes adultos que no están solos en el camino hacia la paz.

Tu luz inspira sanación.
Tu voz construye esperanza.
Sigue honrando tu camino: estoy contigo en cada paso.

CONTENIDOS

Carta al Lector

Para las almas valientes que emprenden este viaje,

Gracias. Gracias por elegir este libro y, sobre todo, por elegirte a ti.

Durante más de dos décadas he trabajado como radiólogo diagnóstico e intervencionista. Mis días transcurren observando imágenes del cuerpo humano: viendo los detalles complejos de huesos, órganos y tejidos. He aprendido a detectar anomalías, identificar problemas y guiar intervenciones para corregirlos. Veo el dolor en su forma física todos los días.

Pero con el tiempo he comprendido que algunos de los dolores más profundos no aparecen en una radiografía ni en una resonancia magnética. Son dolores silenciosos, emocionales, que muchos cargamos —especialmente durante la adolescencia y la juventud—. Es el peso de una relación tóxica, la herida de una palabra descuidada, la carga de las expectativas y el dolor persistente que nos frena.

Escribí este libro porque creo que las habilidades que he desarrollado en mi vida profesional —identificar el problema, comprender su origen y actuar para sanar— son igual de esenciales para nuestro bienestar emocional. Este libro es mi forma de transformar esos años de experiencia en una guía práctica para ti.

Esto no es solo un libro teórico; es una caja de herramientas. Es una colección de ejercicios prácticos, reflexiones e incluso meditaciones diseñadas para ayudarte a desarrollar las habilidades que necesitas para atravesar esta etapa de tu vida. Mi deseo es que lo sientas como un espacio seguro donde puedas aprender a:

- Comprender y gestionar tus emociones en lugar de sentirte dominado por ellas
- Construir límites firmes que protejan tu paz
- Identificar y manejar relaciones con claridad y confianza
- Descubrir el poder del amor propio y el autocuidado como bases de una vida plena

- Cultivar una mentalidad de crecimiento para que el dolor sea un maestro, no una prisión

Este camino no siempre será fácil, pero valdrá la pena. El objetivo no es borrar tu pasado ni fingir que el dolor nunca existió. Se trata de aprender de él, dejar ir lo que ya no te sirve y abrir espacio para un futuro lleno de alegría, propósito y relaciones saludables.

Tienes la capacidad de sanar y prosperar. Este libro es solo un punto de partida. Me siento honrado de formar parte de tu camino hacia una vida con mayor libertad emocional.

Sé lo valiente que eres por buscar un camino hacia días más livianos. Esto no es solo un libro; es un compañero en tu recorrido hacia la libertad emocional. Cada ejercicio, estrategia y palabra fue escrita con compasión por lo que estás atravesando y pensada como una herramienta práctica para desenredar las emociones y relaciones que hoy te pesan.

Tu paz es la prioridad. Empecemos.

Con gratitud,
Jerome Puryear, MD

Introducción

Recuerdo el día en que por fin dejé ir mi miedo al fracaso. Sentí como si hubiera estado cargando una mochila pesada llena de años de dudas y expectativas irreales, y por primera vez pude dejarla en el suelo. Frente al espejo, respiré hondo y me dije: «Eres suficiente, tal como eres». Ese momento no fue solo una afirmación; marcó el inicio de un cambio, un punto de inflexión que dio comienzo a un camino de crecimiento personal, fortaleza emocional y autoaceptación. Este libro es el resultado de ese proceso, y me emociona compartirlo contigo.

El mundo en el que vivimos está lleno de expectativas. Las presiones de la familia, los amigos, los compañeros de trabajo y la sociedad suelen crear una sensación abrumadora de quién deberíamos ser y cómo deberíamos medir el éxito. A esto se suman las expectativas que nos imponemos a nosotros mismos, que muchas veces intensifican esa carga y dificultan encontrar la paz. ¿Alguna vez has intentado cumplir con todas esas exigencias y has acabado sintiéndote agotado, frustrado o perdido? Muchos vivimos esta lucha, pero existe otro camino. Un camino que implica aprender a navegar esas presiones y encontrar la fuerza para definir tu vida según tus propios términos.

Piensa en una situación que todos hemos vivido: deslizar el dedo por las redes sociales y encontrarte con la imagen de alguien que parece tener una vida perfecta. Tal vez sea un amigo de vacaciones increíbles, celebrando un ascenso o alcanzando un logro que tú aún no has conseguido. Surge entonces esa punzada familiar de duda, que susurra: *¿Por qué no yo? ¿Qué estoy haciendo mal?* Este libro ofrece herramientas para cambiar tu forma de pensar en momentos como esos. En lugar de dejarte atrapar por esas emociones, aprenderás a pausar, reflexionar y soltar las comparaciones que te pesan.

Las estrategias prácticas son el corazón de este libro. Estas herramientas te ayudarán a comprender y gestionar tus emociones, liberándote del control de la duda y el miedo. Descubrirás técnicas para desarrollar la autoconsciencia y explorar las raíces más profundas de tus sentimientos y comportamientos. Esa comprensión es la base de un cambio real y duradero.

Este viaje está abierto a todos. Ya seas un adolescente aprendiendo a manejar los retos de crecer, un joven adulto entrando en nuevas etapas de independencia, un padre o madre apoyando a sus hijos, o un educador en busca de formas de acompañar a otros, las ideas que encontrarás aquí pueden marcar la diferencia. Los desafíos de la duda y la comparación atraviesan todas las etapas de la vida, pero también lo hacen las oportunidades de crecimiento y autocompasión.

Los desafíos emocionales suelen percibirse como algo muy personal, pero también son universales. El miedo, la soledad o la sensación de no ser suficiente no son exclusivos de una sola persona; forman parte de la experiencia humana. Estas emociones no definen nuestro valor, sino que nos ofrecen oportunidades para aprender y crecer. Este libro presenta estrategias prácticas, ejemplos cercanos y ejercicios reflexivos para ayudarte a transformar las barreras emocionales en caminos hacia una vida más plena y satisfactoria.

La inteligencia emocional es fundamental para el desarrollo personal. Al comprender y regular tus emociones, puedes afrontar los retos de la vida con intención, en lugar de reaccionar de forma impulsiva. Una mayor conciencia emocional mejora tus relaciones, afina tu toma de decisiones y enriquece tu sentido de propósito. En lugar de rechazar las emociones, aprenderás a acogerlas y a reconocer su papel en el crecimiento personal y relacional.

El crecimiento rara vez sigue una línea recta. El proceso incluye momentos de descubrimiento, tropiezos y avances. A veces exige decisiones valientes, como realizar cambios importantes en la vida. Otras veces, los avances llegan en momentos más silenciosos, como elegir hacer una pausa en medio del estrés o tratarte con amabilidad después de cometer un error. Todos esos momentos, grandes y pequeños, dan forma al camino.

A lo largo de este libro encontrarás historias y ejemplos de personas que han afrontado luchas similares. Cada jornada muestra un camino único hacia la propia sanación y redescubrimiento. No existe una sola manera de alcanzar la libertad emocional, y esa es precisamente la belleza de este proceso. Las vivencias y perspectivas individuales enriquecen la comprensión de lo que significa crecer emocionalmente y abrazar la autenticidad.

Las estrategias que se presentan aquí no son ideas abstractas, sino herramientas prácticas que puedes aplicar en tu día a día. Con ejercicios de atención plena y técnicas para gestionar el estrés, están pensadas para acompañarte desde donde te encuentras y ayudarte a avanzar. Cada capítulo se construye sobre el anterior, ofreciendo pasos concretos para aliviar cargas emocionales, fortalecer tu resiliencia y cultivar una autoestima más profunda.

Pedir ayuda es una parte esencial del camino. Acudir a amigos de confianza, familiares o profesionales demuestra tanto valentía como un deseo genuino de crecer. En un mundo que a menudo glorifica la independencia, a veces olvidamos cuánta fuerza hay en la conexión. Compartir tus retos y tus logros con otros profundiza las relaciones y aporta mayor sentido a la vida. El apoyo de la comunidad crea un espacio seguro donde la sanación y la transformación pueden darse de verdad.

Este libro no promete una vida sin desafíos; es una invitación a ver esos desafíos desde una nueva perspectiva. Los momentos difíciles pueden convertirse en oportunidades para conocerte mejor y conectar con tu fortaleza interior. A medida que explores las herramientas y las historias de estas páginas, empezarás a descubrir tu propio camino hacia la resiliencia emocional y la plenitud.

Cada capítulo de este libro ha sido creado para ofrecer reflexiones y ejercicios que te ayuden a avanzar con confianza, soltar la duda, abrazar la vulnerabilidad y alinearte con tu verdadero yo. El objetivo no es la perfección, sino el progreso: construir una vida que refleje tus valores, fortalezas y aspiraciones. Iniciar este camino requiere valentía, ya que implica mirar hacia dentro, afrontar miedos y cultivar la autocompasión. Sin embargo, las recompensas son profundas: una sensación de libertad, conexiones más auténticas y una autoestima renovada. Con cada lección y ejercicio, descubrirás tu fuerza y tu potencial, creciendo hasta convertirte en alguien que afronta los retos con coraje, celebra sus dones únicos y vive con propósito y alegría. Este viaje trata de autodescubrimiento, crecimiento y libertad emocional, y te brinda las herramientas para crear una vida llena de sentido y conexión genuina.

CAPÍTULO 1

Entender las cargas emocionales

Reconocer nuestras cicatrices emocionales es el primer paso para sanar las heridas invisibles que nos frenan.

Todos cargamos con cargas emocionales, incluso cuando no podemos verlas. Estos pesos invisibles—culpa, ansiedad, conflictos no resueltos y expectativas ajenas—pueden moldear silenciosamente nuestra vida de maneras profundas. Pueden frenarnos, impedir que alcancemos nuestro potencial o que encontremos verdadera paz. Ya sea la duda que nos impide arriesgarnos o la presión de cumplir con estándares ajenos, estas cargas influyen en cómo nos vemos y cómo interactuamos con el mundo. Reconocer lo que llevamos encima es el primer paso para soltar y avanzar.

En este capítulo veremos más de cerca nuestras cargas emocionales y exploraremos formas prácticas de aligerar este peso que influye en nuestra vida. Algunas cargas nacen dentro de nosotros, como la autocrítica severa, mientras que otras vienen de afuera, como las expectativas familiares o las presiones sociales. Ambas pueden afectarnos sin que lo notemos, pero entenderlas revela cómo moldean nuestros pensamientos, acciones y relaciones. A través de la reflexión, la atención plena y la honestidad con nosotros mismos, podemos descubrir lo que nos detiene y empezar a enfrentarlo. Este camino no solo trata de identificar nuestras luchas, sino de convertirlas en oportunidades de crecimiento, resiliencia y fortaleza. Juntos encontraremos maneras de superar estos desafíos y acercarnos a la paz y el empoderamiento que todos merecemos.

IDENTIFICAR LAS CARGAS EMOCIONALES

Las cargas emocionales suelen operar en silencio, pero su impacto es profundo: nos impiden alcanzar nuestro potencial. Estos pesos invisibles moldean nuestros pensamientos, acciones e interacciones, frenando nuestro crecimiento personal y robándonos la paz interior. El primer paso hacia la libertad es reconocer cómo estas cargas influyen en nuestra vida. Pueden aparecer como dudas que impiden aprovechar oportunidades o creer en nuestras capacidades. También pueden manifestarse como frustraciones no dichas que tensan relaciones o nublan nuestro propósito. Entender estas emociones significa verlas con claridad y reconocer cómo afectan nuestra mente y nuestro día a día.

Es poderoso distinguir entre las cargas internas y externas. Las luchas internas nacen dentro de nosotros, como cuando nos criticamos por no lograr nuestras metas tan rápido como creemos que deberíamos, aunque hayamos avanzado mucho. Podemos aferrarnos a errores del pasado, lamentar decisiones y quedar atrapados en un ciclo de autoexigencia que debilita nuestra confianza.

Por otro lado, las presiones externas vienen de afuera. Tal vez te sientas abrumado por expectativas sociales de éxito—en la carrera, la apariencia o el estilo de vida—aunque esas ideas no coincidan con lo que realmente quieres. De forma similar, las expectativas familiares pueden pesar, presionándote para seguir un camino que no se alinea con tus valores. Ambas cargas pueden sentirse asfixiantes, pero requieren enfoques distintos: las internas piden autocompasión y replanteamiento; las externas, límites y conexión con lo que es importante para ti.

La clave para aliviar estas cargas es reconocerlas. Enfrentar los pensamientos y emociones que pesan no es sencillo, pero es el paso esencial hacia la sanación. La introspección genuina permite identificar las cargas, comprender de dónde vienen y reconocer sus efectos. Esta conciencia ilumina el camino: transforma el peso emocional en una oportunidad de cambio y crecimiento personal.

La reflexión es una herramienta transformadora. Tomarse tiempo para sentir—ya sea escribiendo o en silencio—puede sacar a la luz emociones ocultas. Escribir, por ejemplo, ofrece un espacio seguro para explorar pensamientos repetitivos y descubrir patrones que revelan el origen real del malestar. Preguntas como «¿Qué estoy reteniendo?» o «¿De quién busco aprobación?» pueden abrir claridad y liberar.

Practicar la autorreflexión con regularidad profundiza este proceso. Unos minutos cada mañana o una revisión semanal basta para explorar qué se siente pesado y por qué. Reflexionar revela las cargas que llevamos y nos ayuda a imaginar un futuro más ligero y libre.

Reconocer y enfrentar nuestras cargas emocionales es un acto valiente que abre la puerta a la sanación y la resiliencia. Al nombrar nuestros miedos, inseguridades y presiones, les quitamos poder. Como señalan investigadores como Kohrt y colegas (2020), la sanación empieza con empatía y autoconsciencia—habilidades que crecen cuando enfrentamos lo que nos detiene. Integrar y entender nuestras emociones nos permite transformar esas cargas en pasos que fortalecen nuestra claridad, paz y bienestar. El camino puede ser desafiante, pero merece la pena. Cada carga enfrentada nos acerca a la libertad de crecer, avanzar y abrazar nuestra mejor versión.

CÓMO EL ESTRÉS CAMBIA FÍSICAMENTE TU CEREBRO

El estrés no es solo una experiencia mental o emocional: provoca cambios físicos en el cerebro que pueden afectar la memoria, la toma de decisiones, la regulación emocional y el funcionamiento cognitivo en general. Aunque el estrés a corto plazo puede mejorar el enfoque y la alerta, el estrés crónico tiene efectos negativos duraderos en la estructura y el funcionamiento del cerebro. El principal responsable es el cortisol, la hormona del estrés. Cuando el estrés se prolonga, la exposición excesiva al cortisol puede reducir áreas clave del cerebro, interrumpir conexiones neuronales y generar desequilibrios en la química cerebral.

Reducción de la corteza prefrontal: decisiones más difíciles y más reacciones emocionales

La corteza prefrontal es la parte del cerebro que ayuda a tomar decisiones, ejercer autocontrol y manejar emociones. Cuando el estrés es constante, esta parte del cerebro se reduce, lo que dificulta concentrarse, controlar impulsos y pensar con lógica. Esto puede generar sensación de agobio, reacciones emocionales ante problemas pequeños o decisiones apresuradas que no siempre son las mejores. Con el tiempo, afecta el rendimiento escolar, las relaciones y la confianza para enfrentar retos (Arnsten et al., 2012).

Amígdala sobreactivada: más ansiedad y miedo

La amígdala funciona como la alarma del cerebro: detecta amenazas y activa respuestas de miedo. Cuando el estrés es prolongado, la amígdala crece y se vuelve más sensible, generando ansiedad, sobresaltos y sensación constante de tensión, incluso sin peligro real. Esto puede llevar a preocupación constante, dificultad para relajarse e incluso ataques de pánico. Cuanto más sigue el estrés, más difícil se vuelve calmarse, afectando el sueño, el enfoque y el estado de ánimo.

Daño al hipocampo: problemas de memoria y dificultad para aprender

El hipocampo es el centro de la memoria, encargado de recordar información, hechos y experiencias. El estrés crónico debilita esta parte del cerebro, dificultando recordar cosas, aprender nueva información o retener detalles para exámenes. Por eso cuando estamos estresados solemos sentirnos olvidadizos o mentalmente agotados. Con el tiempo, este daño también puede aumentar el riesgo de depresión y trastorno de estrés postraumático (*5 Maneras en las que el estrés impacta en tu memoria*, s. f.).

Química cerebral desequilibrada: cambios de ánimo y falta de motivación

El estrés altera el equilibrio de sustancias químicas como la dopamina, la serotonina y la noradrenalina, que regulan el estado de ánimo, la motivación y la energía. Cuando estos químicos se desajustan, pueden aparecer desánimo, irritabilidad o falta de ganas de hacer cosas que normalmente disfrutas. Por eso el estrés y el agotamiento suelen llevar a sentimientos de desesperanza o cansancio emocional (Raypole, 2022).

Conexiones cerebrales debilitadas: menos creatividad y dificultad para resolver problemas

Las neuronas se comunican por medio de conexiones llamadas sinapsis. El estrés prolongado debilita estas conexiones, dificultando que distintas partes del cerebro trabajen juntas. Esto puede hacer que cueste adaptarse a situaciones nuevas, encontrar soluciones o salir de patrones de pensamiento negativos. Con el tiempo, el estrés puede hacer que el pensamiento se sienta rígido, reduciendo la creatividad y las habilidades para resolver problemas (McEwen, 2017).

Inflamación en el cerebro: mayor riesgo de problemas de salud mental

El estrés crónico aumenta la inflamación en el cerebro, lo que se ha relacionado con condiciones como ansiedad, depresión e incluso enfermedades cerebrales a largo plazo. Cuanto más tiempo permanece el cerebro en estado de estrés, más difícil se vuelve regular las emociones y mantener estabilidad mental (McEwen, 2017).

Sueño interrumpido y sistema inmunológico debilitado

El eje hipotálamo–hipófisis–adrenal controla cómo responde el cuerpo al estrés. Cuando permanece sobreactivado, los niveles de cortisol se mantienen altos, dificultando dormir, provocando cansancio constante y debilitando el sistema inmunológico. Esto significa que el estrés no solo agota mentalmente, sino que también puede hacer que te enfermes con más frecuencia (*Cómo el contacto con la naturaleza puede mejorar el ánimo*, 2024).

El estrés forma parte de la vida, pero aprender a manejarlo puede evitar estos efectos negativos en el cerebro. Tomar descansos, dormir suficiente, hacer ejercicio y hablar con alguien de confianza puede evitar que el estrés tome el control. Tu cerebro está cambiando constantemente, y lo bueno es que los hábitos positivos pueden ayudarlo a sanar y mantenerse fuerte.

RECONOCER EL IMPACTO EN LA SALUD MENTAL

Las cargas emocionales, aunque no se vean, pueden afectar profundamente la salud mental y el bienestar general, frenando el crecimiento personal y la paz interna. Estas cargas, ya provengan del estrés, la culpa o conflictos no resueltos, crean un ciclo de ansiedad y síntomas físicos como fatiga e irritabilidad. Si no se atienden, pueden derivar en problemas de salud mental a largo plazo y en conductas poco saludables. Sin embargo, al reconocer estas dificultades y priorizar la inteligencia emocional, el apoyo y el autocuidado, es posible romper el ciclo y promover resiliencia, claridad y mejores relaciones, avanzando hacia una vida más equilibrada y plena.

Una consecuencia de no atender las cargas emocionales es el aumento del estrés y la ansiedad. Aunque el estrés es una respuesta natural, se vuelve problemático cuando se mantiene en el tiempo. La conexión entre cargas emocionales y estrés es fuerte: las emociones no resueltas pueden generar un ciclo donde el estrés alimenta la ansiedad, y la ansiedad intensifica los sentimientos asociados a esas cargas. Esto puede causar cambios físicos como aumento en la frecuencia cardíaca y en los niveles de cortisol, lo que incrementa el riesgo de problemas cardiovasculares (Peterson, 2023). El estrés prolongado no solo afecta la salud física, sino que también perjudica la memoria y la toma de decisiones. Esta relación resalta la importancia de reconocer y manejar las cargas emocionales a tiempo.

Reconocer los síntomas que indican una lucha emocional es esencial. Quienes enfrentan estas cargas pueden aislarse socialmente, una reacción común ante emociones abrumadoras. Este aislamiento puede verse como evitar reuniones, reducir interacciones con amigos y familia o pasar largos periodos a solas. Otro síntoma es la irritabilidad: pequeñas molestias pueden provocar reacciones exageradas. Las cargas emocionales aumentan la sensibilidad, generando episodios frecuentes de enojo o frustración sin una causa clara. La fatiga también es un indicador importante; no es solo estar cansado, sino un agotamiento emocional que drena la motivación y vuelve difíciles incluso tareas simples. Reconocer señales como aislamiento, irritabilidad y fatiga facilita identificar los problemas emocionales que necesitan atención.

Si no se atienden, las cargas emocionales pueden llevar a problemas de salud mental a largo plazo, como ansiedad crónica, depresión y otros trastornos del estado de ánimo. La exposición continua al estrés no resuelto aumenta la carga alostática, el «desgaste» que sufre el cuerpo por los cambios hormonales (Aquin et al., 2017). Este estrés adicional incrementa el riesgo de desarrollar problemas físicos, lo que complica aún más la salud mental. Además, descuidar el bienestar emocional puede fomentar conductas poco saludables, como abuso de sustancias o malos hábitos alimenticios como forma de escape temporal. Aunque estas conductas brindan alivio inmediato, impiden desarrollar estrategias sanas y empeoran la salud mental (Peterson, 2023).

Comprometerse con tus emociones es clave para prevenir estas consecuencias. La inteligencia emocional juega un papel importante, permitiendo entender y manejar tus sentimientos de forma efectiva. Fomentar conversaciones sobre lo que sientes, ya sea con un profesional o con personas de confianza, crea un ambiente seguro para expresarte. Técnicas como la atención plena y la meditación ayudan a conectar con tus emociones y a obtener claridad. Atender activamente las cargas emocionales te equipa con herramientas para manejar mejor los estresores y reducir su impacto en la salud mental.

Priorizar la salud mental es esencial para lograr claridad emocional. La salud mental debe recibir la misma importancia que la salud física, ya que ambas están conectadas. Una estrategia efectiva incluye evaluaciones frecuentes para evitar que las emociones no resueltas se acumulen. Incorporar prácticas de autocuidado como hobbies y una alimentación equilibrada favorece el bienestar general. Crear espacio para descansar y reflexionar ayuda a evitar sentirse abrumado, y valorar el descanso y las actividades recreativas promueve un estilo de vida equilibrado. Al enfocarte en tu salud mental, construyes una base sólida para afrontar desafíos con más confianza.

Cuidar la salud emocional mejora la claridad mental y fortalece las relaciones. Al priorizarla, la comunicación mejora, lo que facilita expresar necesidades y emociones sin evitar ni reaccionar a la defensiva. Las relaciones sanas se basan en apertura y comprensión, cualidades que crecen con buenos hábitos de salud mental. Mayor claridad mental también mejora la toma de decisiones, permitiendo elegir desde tus valores y metas, sin que las cargas emocionales no resueltas influyan en tus decisiones.

RELACIÓN ENTRE EXPERIENCIAS PASADAS Y MALESTAR ACTUAL

Las experiencias del pasado, especialmente el trauma, dejan huellas profundas que moldean nuestras cargas emocionales y nuestras reacciones actuales. Entender cómo estos eventos no resueltos nos afectan puede ser complejo, pero también revelador, porque influyen en cómo respondemos a nuevas situaciones y relaciones.

El trauma altera nuestra sensación de seguridad y estabilidad, formando rutas neuronales más reactivas al estrés y a experiencias negativas. Este cambio puede dificultar vivir plenamente el presente, ya que emociones y recuerdos no resueltos del pasado influyen en nuestras percepciones e interacciones actuales. Como resultado, una persona puede quedar atrapada en un ciclo donde su pasado sigue afectándola sin darse cuenta, frenando su capacidad de crecer y cambiar (Lee, s. f.).

Pensemos en Emily, quien creció en un hogar marcado por la negligencia emocional y la incertidumbre. Al llegar a la adultez, luchaba con sentimientos de insuficiencia y tenía dificultades para formar conexiones significativas. No fue hasta que comenzó a examinar su pasado y a reconocer cómo esas experiencias iniciales habían moldeado su autoestima que pudo iniciar su camino de sanación. A través de la terapia y prácticas de crecimiento personal, Emily transformó el peso de su pasado en una fuente de empoderamiento, demostrando resiliencia y fortaleza al abrazar su historia y elegir sanar.

La historia de Emily muestra el poder de la resiliencia para superar heridas del pasado. Nos recuerda que, aunque el pasado influye en quiénes somos, no tiene por qué definirnos. Todos tenemos la capacidad de crecer, pero requiere introspección y disposición para enfrentar recuerdos dolorosos con el fin de avanzar.

Una manera práctica de entender el impacto del pasado es a través de la escritura reflexiva. Escribir en un diario es una herramienta de autodescubrimiento que ofrece un espacio seguro para explorar pensamientos y emociones relacionadas con experiencias previas. Al plasmar lo que uno siente, se obtiene claridad sobre cómo esos eventos han influido en la forma de pensar y actuar. La escritura fomenta la honestidad y la vulnerabilidad, ayudando a procesar emociones y a soltar, poco a poco, la influencia que el pasado ejerce sobre nosotros.

Abrazar el perdón es clave para soltar las heridas antiguas. Es un gesto poderoso que beneficia a otros, pero sobre todo a uno mismo. El perdón nos ayuda a liberar rencores y cargas emocionales, permitiéndonos dejar atrás la negatividad. Implica desarrollar empatía tanto hacia quienes nos han lastimado como hacia nosotros mismos. Perdonar requiere valentía y un cambio de perspectiva, enfocándose en la sanación personal en lugar de seguir aferrándose al dolor.

Imagina a alguien cargando una mochila llena de piedras a donde quiera que va. Cada paso se vuelve más pesado, y el peso termina agotando su espíritu y bienestar. Esa metáfora refleja cómo se siente vivir aferrado a rencores y resentimientos: es agotador y limitante. El perdón nos permite vaciar esa mochila, aligerar el peso y abrir camino hacia una vida más plena.

Los adolescentes y jóvenes necesitan aprender el poder del perdón, porque puede cambiarles la vida. Fomenta la inteligencia emocional y una forma más saludable de enfrentar desafíos y relaciones. Padres, tutores y educadores también cumplen un papel esencial al apoyar a los jóvenes, alentando estas prácticas y creando espacios que favorezcan su crecimiento emocional y resiliencia.

Para iniciar el proceso de perdón, uno puede practicar la autocompasión reconociendo su propio dolor sin juzgarse. Este reconocimiento interno abre espacio para la reflexión empática, fundamental para dejar ir heridas del pasado. No se trata de justificar acciones dañinas, sino de recuperar el control emocional y negarse a que experiencias dolorosas sigan dictando el presente o el futuro.

Integrar prácticas de atención plena en la rutina diaria complementa este proceso. Estas técnicas aumentan la autoconsciencia al mantenernos conectados con el presente y reducir el ruido mental generado por las cargas del pasado. La atención plena enseña a observar las emociones sin dejarse arrastrar por ellas, algo especialmente útil cuando se lidia con heridas emocionales profundas.

Construir redes de apoyo también es esencial para sanar. Compartir el proceso con amigos, familia o grupos de apoyo brinda una base de aliento y fortaleza. Conectar con personas que entienden y empatizan crea un espacio seguro donde expresar emociones y avanzar hacia el perdón. La ayuda profesional también ofrece orientación personalizada, proporcionando herramientas y estrategias para recorrer el camino de la recuperación emocional con confianza y resiliencia.

ESTRATEGIAS PARA EL RECONOCIMIENTO Y LA ACEPTACIÓN

Entender las cargas emocionales

Entender y aceptar las cargas emocionales es esencial para quien busca crecer y encontrar paz interior. Uno de los primeros pasos en este camino es el reconocimiento, una herramienta poderosa que abre la puerta al cambio. Reconocer que estas cargas existen permite enfrentarlas y trabajarlas, en lugar de dejarlas ahí sin atender. El reconocimiento consiste en observar lo que sentimos sin juzgarnos, lo que aporta claridad y marca el camino hacia adelante.

El poder del reconocimiento

El poder del reconocimiento está en su capacidad para cambiar nuestra perspectiva. Nombrar los pesos emocionales que cargamos elimina la ambigüedad y el miedo que generan esas emociones. Este es el primer paso hacia un cambio emocional, ya que permite identificar con claridad qué necesita atención. Simplemente identificar cada carga emocional ayuda a desenredar sentimientos complejos y crea una base para una reflexión más profunda y un proceso de sanación.

La importancia de la aceptación

Una vez reconocidas nuestras cargas, el siguiente paso es la aceptación, que requiere un enfoque amable y compasivo hacia uno mismo. Técnicas como la autocompasión y las afirmaciones son valiosas aquí. La autocompasión implica tratarnos con la misma amabilidad y comprensión que ofreceríamos a un amigo. Fomenta el perdón y la paciencia en momentos difíciles, ayudándonos a aceptar nuestras imperfecciones y errores como parte de la experiencia humana.

El papel de las afirmaciones

Las afirmaciones son declaraciones positivas que nos recuerdan nuestro valor y capacidad de crecimiento. Repetir afirmaciones como «Soy digno de amor y aceptación» o «Acojo mis emociones como parte de mi camino» ayuda a replantear patrones de pensamiento negativos. Estas prácticas crean un ambiente interno más amable, donde la aceptación puede florecer, reduciendo la resistencia y promoviendo bienestar emocional.

Actividades introspectivas para sanar

Actividades tranquilas dedicadas a la introspección, como la arteterapia o caminatas en la naturaleza, ofrecen un espacio seguro para la reflexión y la sanación emocional. La arteterapia, por ejemplo, permite expresar emociones complejas mediante dibujo, pintura o escultura. Esta forma de expresión no verbal ayuda a conectar con el mundo interno, aportando claridad y alivio.

Alguien que enfrenta un duelo, por ejemplo, podría encontrar consuelo pintando imágenes abstractas que representen su tristeza, convirtiendo esas emociones en algo tangible. Con el tiempo, este proceso ayuda a sanar al exteriorizar lo que cuesta poner en palabras.

Los beneficios de caminar en la naturaleza

Las caminatas en la naturaleza también son un excelente recurso para la introspección y la claridad emocional. La tranquilidad de un bosque, un parque o la playa ofrece un entorno ideal para reflexionar. Caminar entre árboles o cerca del agua puede fomentar la atención plena , ya que la naturaleza invita a estar presentes. Por ejemplo, alguien abrumado por el estrés puede salir a un parque y concentrarse en el canto de los pájaros o el sonido de las hojas. Al hacerlo, la combinación del movimiento y el ambiente relajante ayuda a liberar tensión y recuperar equilibrio.

El camino hacia la sanación

Cargar con emociones difíciles es parte natural de la vida, pero no tienen por qué definirnos ni limitar lo que podemos alcanzar. Reconocer lo que llevamos, entender de dónde viene y tratarlo con cuidado abre la puerta a sanar. Soltar permite recuperar energía, fortalecer relaciones y cultivar paz interior, creando las bases para una vida más genuina y enriquecedora.

El papel de la autoconsciencia

La autoconsciencia es una aliada importante en este proceso, revelando las influencias ocultas que moldean nuestras decisiones y conductas. Alinear nuestras elecciones con nuestros valores y con lo que realmente importa genera un sentido mayor de libertad y propósito. La reflexión, la atención plena y construir redes de apoyo son recursos clave en este camino, transformando las cargas emocionales en pasos hacia el crecimiento y la resiliencia.

Al prepararnos para explorar el Capítulo 2, «El arte de dejar ir,» daremos un paso fundamental para soltar el peso del pasado. Abrazar este arte nos permite dejar atrás lo que ya no nos sirve y abrir espacio para nuevas experiencias, perspectivas y oportunidades. El camino que sigue revelará prácticas esenciales para liberar creencias limitantes y adoptar una vida más plena, animándonos a descubrir la belleza y la libertad que vienen de realmente dejar ir.

PUNTOS CLAVE

- Cargas emocionales como la culpa, la ansiedad y las presiones sociales pueden afectar profundamente nuestra vida y frenar nuestro desarrollo personal.

- Reconocer y entender estas cargas es esencial para sanar y crecer, pues influyen en nuestros pensamientos y relaciones.

- Las cargas emocionales pueden surgir de factores internos, como la autocrítica, o externos, como expectativas familiares y presiones sociales; cada una requiere un enfoque distinto.

- Prácticas como la autorreflexión, la atención plena y el diálogo interno abierto ayudan a identificar y manejar estas cargas, promoviendo crecimiento y resiliencia.

- El estrés crónico puede alterar el funcionamiento del cerebro, afectando la memoria, la toma de decisiones y la regulación emocional, lo que intensifica el impacto de las cargas en la salud mental.

- Enfocarse en el bienestar mental mediante la autoconsciencia, la inteligencia emocional y relaciones de apoyo fortalece la salud general y ayuda a liberarse del peso del pasado.

CAPÍTULO 2

El arte de dejar ir

La libertad emocional comienza con
el valor de soltar viejas heridas y abrazar
la fuerza de nuevas posibilidades.

Soltar las cargas del pasado es una práctica poderosa que nos permite dejar ir heridas antiguas y liberarnos de hábitos que no nos ayudan. Es un camino hacia la libertad emocional, donde aligerar lo que cargamos abre la puerta a sanar y crecer. Aunque el concepto parezca sencillo, su impacto puede cambiar la vida. Dejar ir requiere valentía, intención y momentos de reflexión profunda—pasos esenciales para recuperar la paz y descubrir la fuerza interior.

Este capítulo explora formas prácticas y significativas de abrazar este proceso. Escribir con atención plena crea un espacio sin juicios para procesar emociones, mientras que las visualizaciones ayudan a imaginar y aceptar cambios positivos. Conectar con la naturaleza brinda calma y enraizamiento, recordándonos la belleza de la vida más allá de nuestras luchas. Prácticas como el yoga y otros movimientos conscientes ayudan a liberar tensiones físicas y emocionales, cultivando equilibrio y serenidad. Juntas, estas técnicas forman una herramienta poderosa para el cambio, ofreciendo un camino hacia la resiliencia, la autoconsciencia y una libertad emocional duradera. A través de ellas, descubrirás nuevas posibilidades de sanación y aprenderás a abrazar el arte de dejar ir con claridad y propósito.

EJERCICIOS DE ATENCIÓN PLENA PARA DEJAR IR

Los ejercicios de atención plena son herramientas efectivas para liberar cargas emocionales y fortalecer la conexión contigo mismo. Esta sección presenta técnicas que promueven sanación emocional y autodescubrimiento, como la escritura consciente, la visualización, la inmersión en la naturaleza y el movimiento consciente. Cada método te anima a acoger tus emociones, reflexionar sobre tus experiencias y cultivar paz interior.

Escritura consciente

Esta práctica fomenta la libertad emocional al ayudarte a liberar dolor del pasado. Ofrece un espacio privado para reflexionar, creando mayor autoconsciencia y claridad emocional.

CÓMO PRACTICARLO

1. Reserva un momento tranquilo para escribir, sin distracciones.
2. Empieza enfocándote en tu respiración para centrarte.
3. Escribe libremente sobre tus pensamientos, emociones y experiencias sin juzgarte.
4. Reflexiona sobre los patrones o emociones que surjan durante el proceso.
5. Permítete expresar incluso los sentimientos más crudos y callados.
6. Termina releyendo lo que escribiste y reconoce cualquier aprendizaje obtenido.

La escritura consciente funciona como una herramienta para liberar emociones y conocerte mejor. Crear un espacio para la introspección te permite analizar tus pensamientos y sentimientos con objetividad, aumentando la autoconsciencia y la claridad interna.

¿Qué sensaciones físicas experimento cuando estoy estresado o abrumado?

_____

_____

_____

_____

_____

Cuando pienso en mi salud mental actual, ¿qué emociones aparecen primero? Por ejemplo:

- Me siento abrumado.
- Me siento ansioso por el futuro.
- Siento un vacío interior.
- Me siento frustrado conmigo mismo.
- Me siento triste y solo.
- Me siento sin esperanza.
- Siento presión por mantenerme positivo.

_____

_____

_____

_____

_____

¿Qué pequeños pasos puedo tomar hoy para aliviar el estrés y cuidar mi bienestar mental?

_____

_____

_____

_____

_____

_____

_____

_____

_____

Técnicas de visualización

Las técnicas de visualización son otra herramienta para fomentar la liberación emocional y la sanación. Consisten en crear imágenes mentales que se alinean con los sentimientos o resultados que deseas. Visualizar un lugar sereno o una situación reconfortante te permite alejarte mentalmente de los estresores y encontrar calma interior. Esta práctica sirve como un ensayo mental para el cambio positivo, ayudando a que tu mente se enfoque en posibilidades en lugar de limitaciones.

CÓMO PRACTICARLO

1. Imagina una situación en la que hayas guardado enojo o resentimiento hacia alguien.
2. Cierra los ojos y toma varias respiraciones profundas y calmadas.
3. Visualiza el enojo como una nube oscura y pesada alrededor de tu pecho, sintiendo su peso.
4. Imagina que poco a poco sueltas esa nube.
5. Observa cómo se disuelve con cada exhalación, notando cómo tu cuerpo se libera de tensión.
6. Cuando la nube desaparezca, imagina una luz cálida y reconfortante llenando el espacio donde antes estaba el enojo.
7. Permite que esa luz te brinde paz y claridad.
8. Considera combinar este ejercicio mental con respiraciones profundas o meditación para reforzar la calma y el control.

Salir a la naturaleza

La inmersión en la naturaleza es una práctica poderosa de atención plena que ayuda a soltar y fomenta una sensación de conexión y tranquilidad. Estar en entornos naturales—como caminar descalzo sobre el pasto, escuchar a los pájaros o sentir la brisa—te ancla al momento presente y mejora tu bienestar general.

CÓMO PRACTICARLO

1. Da un paseo por un parque, bosque o playa.
2. Siente la tierra bajo tus pies, escucha los sonidos de la naturaleza y observa tu entorno.
3. Suelta distracciones y sumérgete en la tranquilidad del mundo natural.
4. Respira profundo y nota cómo la naturaleza te ayuda a estar presente.

Conectar con la naturaleza también amplía la perspectiva. Estar entre árboles o cerca del agua recuerda la inmensidad de la vida, haciendo que los problemas personales parezcan menos agobiantes. Según Susan Albers, PsyD, psicóloga de la Cleveland Clinic, pasar 15 minutos al día al aire libre puede reducir los niveles de cortisol y mejorar el estado de ánimo (*Cómo el contacto con la naturaleza puede mejorar el ánimo*, 2024).

Movimiento consciente

Incorporar movimientos conscientes como el yoga en tu rutina diaria puede facilitar de forma significativa la liberación emocional. El yoga combina posturas físicas con conciencia de la respiración, promoviendo presencia durante la práctica. A medida que liberas tensión mediante estiramientos y fortalecimiento, las cargas emocionales comienzan a desvanecerse. Existen muchas prácticas de yoga que ayudan a aliviar el estrés y la tensión, las cuales explorarás más adelante en el Capítulo 7.

Los beneficios del movimiento consciente van más allá de lo físico. Practicar yoga con regularidad ayuda a construir resiliencia frente al estrés y aumenta la autoconsciencia. Enseña a aceptar las capacidades y límites del propio cuerpo, promoviendo autocompasión y paciencia. Enfocarse en la respiración y las sensaciones ayuda a sintonizar con el cuerpo, facilitando reconocer y liberar tensiones emocionales acumuladas.

Cada una de estas técnicas de atención plena ofrece beneficios únicos, y practicar una o varias puede conducir a sanación emocional. Integrarlas en la vida diaria ayuda a crear una estrategia completa de bienestar, fomentando mayor claridad y conexión interior.

ESTRATEGIAS DE CONDUCTA COGNITIVA

En el camino hacia la libertad emocional, reconocer y cambiar patrones de pensamiento poco útiles es un paso clave. Entender cómo la mente puede atraparnos en ciclos de negatividad nos permite liberarnos. Esta sección explora técnicas cognitivo-conductuales diseñadas para desafiar y transformar esos pensamientos, abriendo la puerta a una mentalidad más positiva.

Reconocer los pensamientos negativos es un paso fundamental para lograr cambios significativos. Estos pensamientos suelen disfrazarse de verdades, influyendo silenciosamente en cómo nos vemos y cómo vemos el mundo. Prestar atención al diálogo interno ayuda a identificar y entender qué detona ese autosabotaje. Por ejemplo, si sueles pensar *«No soy lo suficientemente bueno»*, aprender a detectar ese patrón es esencial. Escribir estos pensamientos en un diario puede ser muy útil: aumenta la conciencia y muestra patrones que se repiten. Reconocer tus pensamientos sin juzgarlos permite que fluyan sin controlarte, sentando las bases para una mentalidad más equilibrada.

Una vez identificados los pensamientos negativos, la reestructuración cognitiva se vuelve una herramienta eficaz para replantearlos. Esta técnica implica evaluar y modificar patrones de pensamiento distorsionados para lograr una perspectiva más saludable. Tomemos el pensamiento *«Siempre fracaso»*. La reestructuración cognitiva te invita a cuestionarlo buscando evidencia en tu contra. ¿Has tenido logros recientes? ¿Has superado desafíos antes? Focalizarte en lo positivo reduce la fuerza del pensamiento negativo. Ejercicios como los registros de pensamiento, donde se anotan situaciones, emociones y respuestas racionales, ofrecen pruebas concretas de tu avance y fomentan una mentalidad más estable con el tiempo.

La activación conductual complementa el trabajo cognitivo motivando a participar en actividades que generan bienestar y estructura. A veces, la negatividad surge tanto del pensamiento como de la inactividad o desconexión. Involucrarte en actividades que te generan alegría—caminar, pintar, convivir con amigos—ayuda a interrumpir ciclos emocionales negativos. Este enfoque se basa en la acción más que en la introspección, impulsando rupturas de patrones dañinos mediante participación activa. Investigaciones de Craft y Perna (2004) muestran que la actividad física ayuda a aliviar sentimientos depresivos. Programar tiempo para hobbies y actividades significativas contribuye a una rutina más positiva y estable.

Establecer límites también es esencial para cuidar el bienestar personal y fomentar el empoderamiento. Aprender cuándo y cómo decir «no» es un acto de respeto propio y protección frente al estrés y las obligaciones innecesarias. Los límites crean una línea clara entre las propias necesidades y las demandas externas, reduciendo el riesgo de agotamiento y resentimiento. Cuando un joven decide priorizar sus estudios antes que eventos sociales, afirmar ese límite fortalece su compromiso con su propio crecimiento. El empoderamiento nace de honrarse a uno mismo, lo cual también mejora las relaciones con los demás.

Por ejemplo, pensemos en un adolescente abrumado por la presión de encajar en la escuela. Identificar el detonante—como el miedo a quedar fuera—y establecer un límite alrededor de eso ayuda a recuperar control sobre sus decisiones. Exploremos esto un poco más en la siguiente sección.

Límites para enfrentar presiones comunes en la preparatoria

La preparatoria suele ser una etapa donde los jóvenes sienten gran presión por encajar. Establecer límites claros ayuda a combatir esas presiones y a fomentar confianza, autenticidad y resiliencia. A continuación, algunos ejemplos de presiones comunes y los límites que pueden ayudar a manejarlas.

TENDENCIAS DE MODA

Muchos adolescentes sienten la necesidad de seguir las últimas tendencias o usar marcas específicas para integrarse a ciertos grupos. Aunque es natural querer pertenecer, esta presión puede causar gastos innecesarios o que se comprometa el estilo personal.

- **Límite:** «Usaré ropa que me haga sentir cómodo y seguro, sin importar las tendencias».
- **Acción:** Abraza tu individualidad desarrollando un estilo propio y evitando la necesidad de seguir cada moda.

IMAGEN EN REDES SOCIALES

Mantener una presencia «perfecta» en redes puede crear una necesidad constante de aprobación. Muchos jóvenes sienten presión por publicar seguido, participar en tendencias o proyectar una vida impecable.

- **Límite:** «No publicaré ni usaré redes solo para buscar aprobación».
- **Acción:** Limita el tiempo en pantalla y comparte solo contenido que refleje tus valores, no una búsqueda de validación.

IR A FIESTAS

Muchos adolescentes sienten la presión de ir a fiestas, aunque no se sientan cómodos o interesados, solo para evitar que los etiqueten como «poco cool». Esto puede llevarlos a comprometer sus valores o a involucrarse en conductas de riesgo.

- **Límite:** «Solo asistiré a eventos sociales a los que realmente quiera ir y donde me sienta seguro».
- **Acción:** Rechaza de manera amable las invitaciones que no vayan con tu nivel de comodidad y ofrece otras formas de convivir con tus amigos.

RELACIONES ROMÁNTICAS

La presión por tener novio o novia puede ser intensa, porque entre los compañeros suele verse como un símbolo de estatus. Muchos sienten que deben entrar en una relación aunque no estén listos o realmente interesados.

- **Límite:** «No me dejaré presionar para estar en una relación solo porque otros lo esperen».
- **Acción:** Enfócate en construir amistades significativas y en fortalecer tu seguridad personal antes de buscar una relación romántica.

CONSUMO DE SUSTANCIAS

Experimentar con alcohol, vapeo o drogas es una presión común en la preparatoria. Muchos sienten que deben participar para evitar ser juzgados o excluidos.

- **Límite:** «No usaré sustancias como alcohol, vapeo o drogas, aunque otros lo hagan».
- **Acción:** Practica cómo decir «no» con firmeza y seguridad, y planea cómo salir de situaciones donde aparezca presión.

ESTÁNDARES DE IMAGEN CORPORAL

Los estándares de belleza poco realistas y las expectativas de fitness que vienen de los compañeros pueden llevar a comparaciones dañinas y hábitos poco saludables. Muchos sienten que deben verse de cierta manera para encajar.

- **Límite:** «No compararé mi cuerpo con el de otros ni adoptaré hábitos poco saludables para cumplir estándares irreales».
- **Acción:** Prioriza tu salud y tu aceptación personal, y rodéate de personas que te valoren por quien eres.

PARTICIPACIÓN EXTRACURRICULAR

Algunos se sienten obligados a unirse a clubes o equipos deportivos por estatus social, aunque no tengan interés real en esas actividades.

- **Límite:** «Solo participaré en actividades que realmente me interesen y se alineen con mis metas».
- **Acción:** Explora hobbies y actividades que te aporten alegría y satisfacción, sin importar si son populares.

LEALTAD DENTRO DEL GRUPO DE AMIGOS

Las amistades tóxicas pueden atrapar a los adolescentes en relaciones poco sanas por miedo a quedarse solos. Esto afecta su crecimiento personal y autoestima.

- **Límite:** «Me alejaré de amistades tóxicas y cuidaré relaciones que me impulsen».
- **Acción:** Elige amigos que respeten tus límites y apoyen tu autenticidad.

MÚSICA Y CULTURA POP

Muchos sienten presión por gustar de cierta música, series o influencers para encajar en su grupo. Esto puede apagar sus gustos reales y su individualidad.

- **Límite:** «Disfrutaré la música y las series que me gustan, aunque no sean populares entre mis compañeros».
- **Acción:** Comparte tus intereses con seguridad y busca personas con gustos similares.

COMPORTAMIENTO EN CLASE

La presión entre compañeros puede llevar a adoptar conductas disruptivas o a desconectarse para evitar que los vean como «el favorito del profe» o «el nerd».

- **Límite:** «Me mantendré fiel a mis metas de aprendizaje y evitaré imitar conductas que afecten mi educación».
- **Acción:** Concéntrate en tu éxito académico y conéctate con compañeros que compartan tu compromiso con aprender.

Establecer límites en áreas clave ayuda a los adolescentes a resistir la presión social y a crear conexiones más sanas, fortaleciendo su confianza y su bienestar general. Estos límites les permiten tomar decisiones que reflejen sus principios y construir una identidad más sólida.

CREAR RITUALES PARA SOLTAR

Los rituales personales pueden acompañarnos en el proceso de sanar, ofreciéndonos herramientas poderosas para dejar ir el dolor emocional y los patrones que ya no nos ayudan. Aportan estabilidad y propósito cuando todo se siente abrumador. Más que simples rutinas, se convierten en actos personales y llenos de intención que nos permiten avanzar con atención plena y una sensación renovada de paz.

Uno de los rituales más significativos es el del perdón, una práctica que ayuda a sanar heridas del pasado. Perdonar no significa olvidar ni minimizar lo que pasó, sino enfrentarlo con suficiente compasión como para liberar su peso sobre nosotros. Este acto puede sentirse como un gesto liberador: elegir no seguir atado a la rabia y al dolor. Crear un ritual personal de perdón abre la puerta a la libertad emocional, permitiendo que el dolor evolucione en lecciones de fuerza y resiliencia.

Puedes intentar un ritual sencillo pero efectivo: escribir cartas expresando todo lo que sientes hacia quienes te han hecho daño. Estas cartas no se envían; están destinadas a un acto simbólico de liberación al quemarlas. Mientras el papel se consume, imagina cómo la rabia y el dolor se desvanecen con el humo, dejando tu interior más ligero. Esta práctica ayuda a expresar emociones con claridad, ofreciendo cierre y despejando el camino para nuevos comienzos (Elise, 2019).

Las ceremonias de sanación también son valiosas para marcar transiciones importantes, simbolizando el paso de viejos hábitos hacia nuevos compromisos. Se pueden adaptar a experiencias individuales o grupales, fomentando un propósito compartido y un sentido de apoyo mutuo. Actividades como encender velas, repetir afirmaciones o crear un tablero de visión ayudan a reforzar la decisión de cambiar. Estas ceremonias resaltan la importancia de honrar cada paso del crecimiento personal y fortalecen nuestra determinación de soltar lo que ya no nos sirve.

Los actos simbólicos, como quemar cartas, van más allá de las palabras. Incluyen cualquier acción tangible que represente soltar cargas. Plantar una semilla es otro acto simbólico poderoso, una metáfora de transformar el dolor o la pérdida en esperanza y renovación. Al plantar la semilla, imagina tus recuerdos dolorosos convirtiéndose en tierra que nutre una nueva vida. Con el tiempo, este gesto florece como un recordatorio de que el cambio es posible, alimentando tanto el corazón como el espíritu. Estos gestos crean espacios seguros para explorar emociones y fomentan el valor y la introspección.

Los rituales de gratitud también son esenciales porque redirigen la atención hacia lo que sí funciona y lo que sigue siendo valioso. En momentos difíciles, es fácil perder de vista lo bueno. Los rituales de gratitud ayudan a cambiar esa perspectiva. Empieza un diario de gratitud donde anotes cosas —pequeñas o grandes— que te den alegría o te animen. Este hábito sencillo fomenta un ambiente de apreciación que, con el tiempo, fortalece el bienestar emocional y la resiliencia (Walsh, 2015).

Aquí tienes tres preguntas para comenzar tu diario de gratitud:

¿Qué es una cosa por la que estoy agradecido hoy y por qué es importante para mí?

¿Quién me apoya en este momento y de qué manera puedo mostrarle mi gratitud?

¿Qué característica, talento o fortaleza mía valoro y agradezco?

_____

_____

_____

_____

_____

_____

_____

_____

_____

_____

_____

_____

_____

_____

La ciencia detrás de estos rituales explica su impacto en el funcionamiento del cerebro. Nuestra mente, acostumbrada a lo familiar, suele resistirse al cambio por miedo a lo desconocido (Elise, 2019). Participar en rituales con intención ayuda a que el cerebro asocie el cambio con seguridad y calma, haciendo que la transición sea más llevadera. Esta intención clara nos permite romper patrones antiguos y avanzar hacia conductas y formas de pensar más sanas. Los rituales anclan nuestras intenciones y enfocan nuestra energía hacia metas constructivas.

Por ejemplo, adolescentes y jóvenes adultos que enfrentan desafíos emocionales pueden encontrar alivio en rituales personalizados que conecten con su experiencia. Ya sea creando tableros de visión que representen sus metas o realizando ceremonias grupales con amigos, estas prácticas muestran un cambio de una postura pasiva a una participación activa en su proceso de sanación. La autonomía y creatividad al diseñar rituales personales fortalecen la sensación de poder personal, clave para desarrollar autoconsciencia e inteligencia emocional.

Los rituales personales son prácticas poderosas que facilitan la sanación, impulsan el crecimiento y aportan estabilidad en momentos difíciles. Participar en actos de perdón, expresar gratitud o realizar gestos significativos nos ayuda a soltar cargas emocionales, construir resiliencia y obtener más claridad.

CONSTRUIR UN SISTEMA DE APOYO

El crecimiento personal y la sanación emocional pueden sentirse abrumadores, especialmente para adolescentes y jóvenes enfrentando desafíos emocionales. Tener una comunidad que te apoye marca una gran diferencia. Ya sean amigos, familia o mentores, las relaciones positivas brindan estabilidad y tranquilidad, recordándote que no estás solo. Estas conexiones fortalecen la autoestima y ayudan a ver la vida con más claridad. La comunicación abierta es clave: crea un espacio donde puedes ser vulnerable sin miedo al juicio, lo que refuerza tu resiliencia emocional. Los grupos de apoyo también ofrecen un sentido de pertenencia; compartir experiencias reduce la sensación de aislamiento y fomenta la sanación. Y cuando los desafíos son más profundos, la terapia profesional puede darte herramientas y orientación para manejar emociones difíciles y desarrollar estrategias más sanas. Con el apoyo adecuado, el crecimiento y la sanación siempre son posibles.

Identificar a las figuras de apoyo

Uno de los pasos más importantes en la sanación emocional es reconocer a las personas que te apoyan. Amigos, familia y mentores pueden contribuir de forma significativa a tu bienestar emocional y a tu desarrollo personal. Estas figuras funcionan como anclas en momentos difíciles, brindando estabilidad y reforzando tu autoestima. Su apoyo te recuerda que no estás solo, lo que hace más fácil enfrentar los retos con una actitud positiva.

El poder de la comunicación abierta

La comunicación abierta ayuda a crear un espacio seguro para expresar emociones. En relaciones basadas en la confianza, las personas pueden compartir pensamientos y sentimientos sin miedo al juicio. Esta apertura construye entendimiento mutuo, fortalece las conexiones y aumenta la resiliencia emocional. Hablar de tus emociones también facilita procesarlas, dando claridad y alivio. Conversar sobre los obstáculos de manera honesta puede acelerar la recuperación emocional.

El papel de los grupos de apoyo

Los grupos de apoyo ofrecen un espacio valioso para compartir experiencias y generar entendimiento mutuo. Reúnen a personas que atraviesan dificultades similares, creando un sentido de pertenencia y recordando que nadie está solo. Como señala el equipo de Mayo Clinic (2025), estos grupos fomentan la camaradería, permitiendo compartir estrategias para afrontar situaciones difíciles y perspectivas personales que iluminan el camino hacia la sanación. Este entorno colectivo brinda nuevas miradas y promueve el crecimiento emocional.

Buscar ayuda profesional

Cuando enfrentamos problemas más profundos, la terapia o el acompañamiento profesional ofrece una guía valiosa para manejar emociones complejas. Los terapeutas están capacitados para ayudar a explorar desafíos internos y ofrecer herramientas que permitan procesar emociones y desarrollar estrategias más sanas. Este tipo de apoyo es esencial cuando se trata de patrones de pensamiento o conductas muy arraigadas. La terapia crea un espacio seguro para la autoexploración y promueve un desarrollo personal significativo y una sanación emocional profunda.

El crecimiento personal y la sanación emocional se fortalecen con el apoyo colectivo. Construir una red de personas que te apoyen, fomentar conversaciones abiertas, participar en grupos de apoyo y acudir a profesionales cuando sea necesario son pilares esenciales para construir una base emocional sólida. Estos recursos aportan seguridad y fortaleza, ayudándote a manejar tus emociones, desarrollar resiliencia y adoptar estrategias más saludables. Con el apoyo adecuado, la sanación se vuelve alcanzable y el crecimiento personal se transforma en un proceso continuo y enriquecedor.

Dejar ir es una práctica poderosa que nos permite soltar el peso del dolor pasado y abandonar patrones que ya no favorecen nuestro crecimiento. Es un camino hacia la libertad emocional, donde liberarnos de cargas internas abre espacio para sanar y avanzar. Aunque parezca sencillo, su impacto puede ser profundo. Dejar ir requiere valentía, intención y reflexión —pasos clave para recuperar la paz y descubrir nuestra fuerza interior.

Mientras avanzamos al siguiente capítulo, exploraremos cómo construir resiliencia emocional, un componente fundamental del proceso de sanación. Soltar cargas del pasado prepara el camino para desarrollar la fortaleza necesaria para enfrentar retos con calma y seguridad. Veremos cómo la resiliencia nos ayuda a adaptarnos, recuperarnos y fortalecernos frente a los desafíos inevitables de la vida. A través de las prácticas descritas en este capítulo, aprenderemos a cuidar nuestra mente y a convertirnos en personas más resilientes.

PUNTOS CLAVE

- Soltar las cargas del pasado promueve la libertad emocional, permitiendo sanar y crecer al liberar heridas antiguas y conductas que ya no ayudan.

- Prácticas como escribir en un diario, visualizar, pasar tiempo en la naturaleza y moverse con atención apoyan la sanación emocional y el autodescubrimiento.

- Escribir con intención fomenta claridad y autoconsciencia, mientras que las técnicas de visualización ayudan a soltar emociones negativas a nivel mental.

- Conectar con la naturaleza mejora el bienestar al ofrecer tranquilidad y equilibrio, lo que reduce el estrés y aporta una perspectiva valiosa.

- Las técnicas cognitivo conductuales permiten cuestionar patrones de pensamiento poco útiles y desarrollar resiliencia mediante el reconocimiento y la reinterpretación.

- Construir una comunidad de apoyo a través de la comunicación abierta, los grupos de apoyo y la ayuda profesional es esencial para el crecimiento personal y la sanación emocional.

CAPÍTULO 3

Construir resiliencia emocional

La resiliencia no solo trata de soportar los desafíos, sino de crecer a través de la adversidad y salir más fuerte que antes.

Desarrollar resiliencia emocional es esencial a medida que enfrentamos los distintos desafíos que aparecen en cada etapa de la vida. La resiliencia emocional es la capacidad de afrontar la adversidad, recuperarse de los tropiezos y seguir adelante con fuerza. Puedes imaginarla como una caja de herramientas emocional que te ayuda a manejar el estrés, levantarte después de las dificultades y mantener tu bienestar mental en medio de los momentos impredecibles de la vida. En el mundo acelerado de hoy, desarrollar esta resiliencia es más importante que nunca. No solo permite soportar tiempos difíciles, sino también crecer y avanzar a través de ellos.

COMPRENDER LA RESILIENCIA Y SUS BENEFICIOS

La resiliencia es vital para enfrentar los desafíos de la vida. A menudo se define como la capacidad de adaptarse cuando nos encontramos con adversidades, traumas o estrés (Hurley, 2024). La resiliencia no se trata solo de «rebotar»;

implica usar los aprendizajes de esas experiencias para avanzar con mayor fortaleza y comprensión. Reconocer cómo la resiliencia impulsa el crecimiento personal y la estabilidad emocional nos ayuda a enfocarnos en desarrollar las cualidades que nos permiten manejar las dificultades con más eficacia.

Los beneficios de la resiliencia

Los beneficios de la resiliencia van mucho más allá de simplemente sobrevivir momentos difíciles. Las personas resilientes suelen mostrar una mejor regulación emocional, lo que les permite manejar el estrés de manera más efectiva. Esta regulación hace posible procesar sus emociones de formas saludables en lugar de sentirse desbordados. Gracias a ello, pueden construir conexiones más fuertes con amigos, mentores y familiares mediante una comunicación más clara y compasiva.

Otra ventaja importante son las habilidades de afrontamiento. Estas herramientas permiten enfrentar nuevos retos con determinación. Las personas resilientes se acercan a los desafíos con técnicas útiles de resolución de problemas y buscan apoyo cuando lo necesitan. Esta actitud activa les ayuda a ver los obstáculos no como barreras imposibles, sino como oportunidades para aprender y crecer.

Ejemplos reales muestran el impacto profundo que la resiliencia puede tener en nuestra vida. Imagina la experiencia de alguien que pierde su trabajo de manera inesperada. Al principio, el golpe puede sentirse abrumador. La incertidumbre inmediata trae estrés financiero y dudas personales, cuestionando la propia capacidad y valor. Durante las primeras semanas, es normal que aparezcan emociones complejas —miedo, ansiedad y frustración— y que todo parezca incierto y sin rumbo.

Sin embargo, para algunas personas, esta experiencia difícil marca el inicio de un nuevo capítulo. En lugar de ver la pérdida del empleo como un final, comienzan a mirar hacia adentro y a preguntarse: *¿Qué quiero realmente en mi carrera? ¿Qué pasiones he ignorado?* A través de la reflexión, el apoyo de otros y la fuerza de su resiliencia, empiezan a ver la situación como una oportunidad para explorar nuevas posibilidades. Algunos regresan a estudiar, desarrollan nuevas habilidades o retoman pasiones que habían dejado de lado. Otros inician un negocio propio o cambian a un camino profesional que encaja mejor con sus valores e intereses.

Aunque el proceso no siempre es fácil, muchos descubren que este momento de crisis los lleva a una vida más auténtica y satisfactoria, despertando un sentido de propósito que creían perdido. Este viaje de redescubrimiento se convierte en un testimonio poderoso de la resiliencia: la capacidad de abrazar el cambio, aprender de la adversidad y encontrar un nuevo significado en medio de los desafíos de la vida.

Otros ejemplos incluyen superar traumas personales como un divorcio o la muerte de un ser querido. En estas situaciones, la resiliencia se manifiesta en la capacidad de vivir el duelo de forma sana mientras se busca apoyo en amigos, familiares o profesionales de la salud mental. El proceso de duelo no es lineal; puede traer una mezcla de emociones intensas —tristeza profunda, momentos de enojo o confusión—. Las personas resilientes se permiten sentir estas emociones sin juzgarse, comprendiendo que cada etapa es parte importante del camino de sanación.

A medida que avanzan por este terreno emocional, la resiliencia les permite reflexionar sobre sus experiencias y encontrar aprendizajes significativos. Con el tiempo, integran esos momentos en su vida, transformando el dolor en oportunidades de introspección y crecimiento emocional. La resiliencia se convierte así en una herramienta esencial que permite atravesar traumas y salir de ellos con mayor fortaleza y empatía hacia quienes viven desafíos similares.

Sin embargo, desarrollar resiliencia suele verse frenado por obstáculos comunes, como el miedo al fracaso. Este miedo puede convertirse en una barrera importante, impidiendo tomar riesgos necesarios y salir de la zona de confort. Reconocer y enfrentar este miedo abre caminos hacia la resiliencia. Aceptar que el fracaso es parte natural de la vida —y un posible motor de crecimiento— ayuda a ver los tropiezos como etapas temporales en el proceso de alcanzar nuestras metas.

Contar con orientación para superar estas barreras puede ser invaluable. Por ejemplo, desarrollar una mentalidad de crecimiento —la idea de que nuestras habilidades pueden mejorar con el tiempo— puede fortalecer la resiliencia de manera importante (Hurley, 2024). Ver los fracasos como oportunidades para aprender, y no como señales de incapacidad, crea un ambiente donde es más seguro experimentar y probar cosas nuevas, lo que facilita tanto el desarrollo personal como emocional.

Principios como la gratitud, la compasión, la aceptación, el sentido de propósito y el perdón ayudan a interpretar los eventos de la vida de forma más positiva y apoyan la sanación emocional. Cultivar estos valores es importante para construir resiliencia. Estos principios influyen en nuestros pensamientos y acciones, creando una base sólida para ver los desafíos no como obstáculos imposibles, sino como pasos esenciales en nuestro crecimiento personal.

La resiliencia no es solo un esfuerzo individual. Las conexiones sociales juegan un papel clave en su desarrollo. Los lazos cercanos con familia, amigos y comunidades ofrecen un sentido de pertenencia y seguridad. Brindan el apoyo necesario en los momentos difíciles, permitiendo apoyarse en otros para obtener ayuda, perspectiva y orientación.

DESARROLLAR UNA MENTALIDAD DE CRECIMIENTO

Una mentalidad de crecimiento es un enfoque poderoso que impulsa la resiliencia y te permite enfrentar los desafíos de la vida con más seguridad. Cuando empiezas a ver los obstáculos como oportunidades de aprendizaje en lugar de barreras imposibles, tu forma de manejar las dificultades cambia por completo. Quienes adoptan esta mentalidad se motivan a aprender y mejorar a través de las experiencias duras, evitando rendirse ante el fracaso y desarrollando así una resiliencia más fuerte.

Imagina enfrentar una situación que cambia tu vida por completo, como recibir un diagnóstico serio o atravesar una pérdida importante. En medio de tanta incertidumbre, mantener una mentalidad de crecimiento puede sonar como decirte a ti mismo: *Esto es muy difícil, pero puedo usar esta experiencia para hacerme más fuerte y conocerme mejor.* Este cambio de perspectiva te permite ver que, aunque el camino esté lleno de retos, cada momento ofrece una oportunidad para fortalecer tu resiliencia y descubrir nuevas formas de afrontar la situación. En vez de dejarte llevar por la desesperación, buscas distintas maneras de sanar o superar el obstáculo, aumentando poco a poco tu capacidad para enfrentar futuros desafíos con valentía y un entendimiento más profundo de tu propia fuerza.

Una técnica clave dentro de esta mentalidad es reformular los pensamientos negativos. El diálogo interno negativo suele limitar nuestro progreso, pero al transformarlo en oportunidades de crecimiento fortalecemos nuestra resiliencia emocional. Por ejemplo, en lugar de decir «Fallé; no soy lo suficientemente bueno», puedes reformularlo como «Ya sé qué no funciona; ahora puedo intentar algo distinto». Este cambio demuestra que los errores no son definitivos, sino pasos necesarios hacia el éxito, impulsando la resiliencia y la perseverancia.

La retroalimentación también juega un papel esencial en el fortalecimiento de una mentalidad de crecimiento. Funciona como un espejo que muestra áreas donde podemos mejorar y aporta ideas valiosas para el desarrollo personal. Aceptar la retroalimentación permite crecer de manera continua. La crítica constructiva no debe verse como un golpe a la autoestima, sino como una guía para mejorar. Por ejemplo, si un profesor te sugiere mejorar un ensayo, aprovéchalo para pulir tus habilidades de escritura. Reflexionar con frecuencia sobre este tipo de comentarios te ayuda a reconocer avances y ajustar tu enfoque, reforzando la resiliencia con el tiempo.

Celebrar los logros pequeños es otro pilar de una mentalidad de crecimiento. Reconocer el progreso —por mínimo que sea— alimenta la motivación y fortalece la confianza. Piensa en lo que implica aprender a tocar un instrumento o estudiar un nuevo idioma. Celebrar pequeños avances, como dominar un acorde de guitarra o sostener una conversación básica en francés, te impulsa a seguir adelante. Este hábito confirma tu avance y refuerza la idea de que crecer es un proceso, ayudando a mantener la resiliencia frente a retos más grandes.

A pesar de los beneficios de adoptar una mentalidad de crecimiento, es importante recordar que la presión cultural o social a veces puede exaltar el «talento natural» por encima del esfuerzo, lo que desanima la perseverancia. Romper con esas expectativas es fundamental. Rodearte de personas que valoran el esfuerzo y el aprendizaje puede inspirarte a seguir adelante.

Además, conocer historias de quienes atribuyen su éxito al trabajo constante y la resiliencia —y no solo al talento— puede reforzar tu compromiso de mantener una mentalidad de crecimiento.

Sin embargo, mantener una mentalidad de crecimiento a largo plazo requiere intención y constancia. Aquí tienes algunas pautas para seguir cultivándola:

- **Reconoce el poder de tus creencias:** Nuestras creencias influyen en cómo enfrentamos los desafíos y los tropiezos. Recuerda que las habilidades no son fijas; pueden desarrollarse con tiempo, esfuerzo y perseverancia. Dedica momentos a reflexionar sobre lo que hoy crees de ti mismo y trabaja en reemplazar aquellas ideas que limitan tu potencial por pensamientos más abiertos y orientados al crecimiento. Un cambio de mentalidad empieza al reconocer que el crecimiento está al alcance de cualquiera dispuesto a esforzarse.

- **Acepta los desafíos:** El crecimiento ocurre fuera de la zona de confort. Busca situaciones que pongan a prueba tus habilidades y te impulsen a avanzar. Cuando te enfrentas a obstáculos, la resiliencia te ayuda a desarrollar adaptabilidad y fortaleza interior. En lugar de evitar las dificultades, míralas como oportunidades para ampliar tus capacidades y seguir expandiendo tus límites.

- **Aprende de la crítica:** La crítica constructiva no es un ataque a tus capacidades, sino una herramienta para mejorar. Considera la retroalimentación como parte esencial del aprendizaje. Pide opiniones con regularidad —a colegas, mentores o compañeros— y utilízalas para perfeccionar tus habilidades y estrategias. Acercarte a la crítica con una mente abierta te permite identificar áreas de mejora y tomar pasos concretos hacia el crecimiento.

- **Celebra el esfuerzo, no solo los resultados:** Cambia el enfoque: además de reconocer los logros finales, valora el esfuerzo invertido. El crecimiento ocurre gracias a la constancia, el trabajo y la dedicación.

Divide metas grandes en pasos pequeños y celebra cada avance. Reconocer el esfuerzo refuerza la idea de que el progreso es fruto de acciones intencionales y consistentes.

- **Busca perspectivas diversas:** Cuestionar tu propio pensamiento es fundamental para crecer. Acércate a ideas y puntos de vista distintos a los tuyos. Estar abierto a nuevas miradas rompe sesgos, amplía tu comprensión y fomenta flexibilidad mental. Esta apertura nutre una mentalidad más rica y adaptable, capaz de responder mejor a situaciones cambiantes.

- **Practica el autocuidado:** Mantener una mentalidad de crecimiento requiere bienestar físico y emocional. Prioriza actividades que nutran tu cuerpo y tu mente, como ejercicio regular, descanso adecuado y prácticas de atención plena . Al cuidar tu salud, sostienes la energía y concentración necesarias para mantenerte motivado y comprometido con tu proceso de crecimiento. El autocuidado no es un lujo; es una parte esencial de la resiliencia y del crecimiento a largo plazo.

TÉCNICAS DE REGULACIÓN EMOCIONAL

Gestionar las emociones a veces se siente como intentar dirigir un barco en medio de aguas turbulentas. Para personas de cualquier edad, es importante contar con métodos efectivos que permitan manejar emociones intensas de manera constructiva. Identificar estas emociones es el primer paso clave para recuperar control. Igual que nombrar un mar desconocido permite a los navegantes trazar su ruta, reconocer y nombrar lo que sientes te ayuda a responder de forma más sana.

Piensa en momentos en los que te hayas sentido abrumado. ¿Qué estaba pasando? ¿Hubo personas o situaciones que intensificaron tus emociones? Llevar un diario de emociones puede ser una herramienta muy útil. Te permite registrar momentos de alta intensidad emocional e identificar patrones que se repiten. Reconocer estos detonantes personales te da la capacidad de enfrentar los retos con más calma y claridad. Identificar y manejar tus propios detonantes fortalece tu resiliencia y mejora tu capacidad para responder con intención ante el estrés, afrontando los desafíos con mayor flexibilidad y seguridad (*10 Effective Strategies*, s. f.).

EJERCICIOS DE DIARIO EMOCIONAL

Evalúa tu estado de ánimo sombreando el recuadro, donde uno indica un día muy malo y cinco representa un día excelente.

1	2	3	4	5

Aquí tienes tres preguntas para ayudarte a evaluar cómo te sentiste a lo largo del día:

¿Cómo me siento en este momento y qué creo que está influyendo en mi estado de ánimo? Aquí tienes algunas opciones de cómo podrías estarte sintiendo:

- **Feliz:** un estado positivo y alegre; sentir entusiasmo y emoción
- **Motivado:** sentirse enfocado y con determinación, con ganas de avanzar
- **Ansioso:** sensación de estrés o inquietud causada por presión o incertidumbre
- **Frustrado:** molestia o impaciencia provocada por obstáculos o contratiempos
- **Tranquilo:** un estado de paz y relajación; sentirse en calma en el momento presente
- **Triste o solo:** malestar emocional o sensación de aislamiento, a veces relacionada con pérdidas o desconexión
- **Agotado:** falta de energía o inspiración, lo que genera cansancio o apatía
- **Culpable:** incomodidad emocional o remordimiento relacionado con acciones o decisiones pasadas

¿Qué puedo hacer hoy para mejorar o cambiar mi estado de ánimo?

¿Qué momentos destacaron como positivos o negativos?

_____

_____

_____

_____

_____

_____

_____

_____

_____

_____

_____

_____

_____

Una vez que identificas tus emociones, contar con estrategias a la mano puede ayudarte muchísimo. Escribir en un diario es una de ellas: ofrece alivio inmediato al darte un espacio para soltar lo que sientes. Poner por escrito tus pensamientos y emociones funciona como una liberación que despeja tu mente. Además, actividades físicas como correr o andar en bici pueden canalizar tu energía de forma positiva, mientras que los ejercicios de respiración profunda ayudan a calmar tu sistema nervioso y a encontrar relajación en medio del caos emocional. Como una tormenta que se va apaciguando, estas técnicas actúan como anclas que estabilizan tu estado emocional.

Rompecabezas y emociones

Resolver rompecabezas es otra técnica efectiva para regular las emociones. Al concentrarte en ellos, fomentas la atención plena y desvías tu enfoque del estrés hacia una actividad relajante y con propósito. También requieren pensamiento crítico y habilidades de resolución de problemas, lo que genera una sensación de logro que fortalece la autoestima. A medida que avanzas, es común entrar en un estado mental más reflexivo, que facilita procesar emociones y pensamientos con mayor claridad. La interacción física con piezas tangibles también estimula los sentidos, anclándote en el presente y promoviendo calma. Este método mejora tu capacidad de concentración, te ayuda a enfrentar el estrés y te prepara para los desafíos con una mente más serena y clara, fortaleciendo tu resiliencia emocional y tu habilidad de adaptarte a situaciones difíciles.

Redes de apoyo

Construir una red de apoyo es igual de importante. Así como una red firme sostiene a un acróbata en una caída, tener amigos o mentores de confianza ofrece seguridad durante caídas emocionales. Conectar con personas que entienden tu proceso emocional puede darte perspectiva y consuelo cuando lo necesitas. Funcionan como cajas de resonancia que te permiten expresar tus sentimientos con libertad. La comunicación constante es esencial para mantener estas relaciones. Revisar cómo están y compartir cómo te sientes fortalece los lazos y asegura que tengas aliados listos para sostenerte cuando la vida se vuelva abrumadora.

Prepararte para los detonantes

Planear con anticipación para posibles detonantes emocionales puede darte una ventaja valiosa. Anticipar situaciones de estrés te permite ensayar tus estrategias de afrontamiento antes de que ocurran. Técnicas como «Cope Ahead» de la terapia dialéctico-conductual (TDC) ayudan a preparar la mente y a mantener la calma cuando surgen emociones intensas (CounselorAid, 2024). Visualizar tu respuesta y practicar cómo manejar ciertos escenarios es como ensayar un guion antes de salir al escenario. Tener un plan claro aumenta tu confianza y reduce la ansiedad ante situaciones cargadas emocionalmente. Adoptar este enfoque proactivo fortalece tu resiliencia, disminuye el estrés y mejora tu capacidad para manejar momentos difíciles.

Establecer límites

El poder de los límites tampoco debe subestimarse. Poner límites con personas o situaciones que desencadenan emociones negativas es, a veces, necesario para proteger tu bienestar mental. Imagina los límites como los muros protectores de un castillo: te resguardan de malestar innecesario. Está bien reducir el contacto con quienes drenan tu energía o evitar temas que disparan tu ansiedad. Los límites no buscan cortar relaciones, sino crear espacios sanos donde puedas crecer emocionalmente. Al establecerlos, fortaleces tu resiliencia al proteger tu bienestar mental de detonantes negativos, y construyes entornos saludables para tu propio crecimiento y fortaleza. Esto se abordará con más profundidad en el Capítulo 6.

Habilidades de afrontamiento positivas

Integrar habilidades de afrontamiento positivas en tu rutina diaria mejora de forma significativa la manera en que gestionas tus emociones. Ya sea a través del arte, la música o el deporte, estas actividades redirigen tu atención y fortalecen tu resiliencia emocional. Puedes ver estas habilidades como herramientas dentro de tu propia caja de recursos, listas para usarse cuando las necesites. Te permiten transformar el estrés en expresión creativa, convirtiendo una energía que podría ser destructiva en algo constructivo y gratificante.

Ayuda profesional

Por último, nunca dudes en buscar apoyo profesional si lo necesitas. A veces, hablar con un consejero o terapeuta puede iluminar caminos nuevos para entender emociones complejas. Estos profesionales ofrecen orientación personalizada y estrategias que quizá no habrías considerado por tu cuenta. Refuerzan las habilidades que estás desarrollando y te acompañan para que nunca te sientas solo en tu proceso emocional (*10 Effective Strategies*, s. f.).

SUPERAR RETROCESOS Y ADVERSIDADES

Desarrollar resiliencia emocional es una habilidad esencial que todo adulto debería adquirir para navegar los desafíos y transiciones de la vida. Una estrategia poderosa para fortalecer la resiliencia es convertir los obstáculos en oportunidades de crecimiento y aprendizaje. En lugar de verlos como barreras imposibles, míralos como peldaños hacia un mayor entendimiento personal. Adoptar esta mentalidad fomenta un enfoque más activo, permitiéndote perseverar a pesar de las dificultades. Por ejemplo, piensa en un profesional que enfrenta retos en un proyecto importante. En vez de rendirse ante la frustración, puede usar ese tropiezo para identificar áreas débiles, ajustar sus estrategias y mejorar su desempeño en el futuro.

Un componente clave de la resiliencia emocional es el uso de estrategias efectivas de afrontamiento en momentos de estrés. Una técnica poderosa es el diálogo interno positivo, que refuerza la confianza al resaltar fortalezas y cultivar creencias que empoderan. Por ejemplo, recordarte tus logros previos o afirmar tus capacidades antes de una tarea desafiante, como un discurso, puede reducir la ansiedad y mejorar el rendimiento. También son esenciales las habilidades de resolución de problemas. Cuando surge un desafío, dividirlo en partes más pequeñas y manejables permite abordarlo paso a paso, lo que aumenta la sensación de control y refuerza la confianza en tu capacidad para manejar situaciones difíciles (Hurley, 2024).

Tener una comunidad de apoyo también es fundamental durante tiempos difíciles. Buscar ayuda en momentos de crisis ayuda a manejar el estrés y fortalece las relaciones a través de experiencias compartidas. Ya sea con familia, amigos o mentores, contar con alguien de confianza ofrece nuevas perspectivas y consuelo emocional. Por ejemplo, un adolescente que enfrenta la pérdida de un ser querido puede encontrar alivio al hablar con personas que entiende y apoyan su proceso, lo que facilita la sanación. Además, conectar con grupos de apoyo permite compartir desafíos similares, creando un sentido de pertenencia y reduciendo el aislamiento.

Adaptarse a los cambios y mantener flexibilidad son componentes clave para construir una mentalidad resiliente. La vida es impredecible, y la capacidad de ajustarse a nuevas realidades facilita transiciones más suaves entre etapas de vida. Esta adaptabilidad implica apertura a diferentes posibilidades y disposición a modificar planes cuando sea necesario. Por ejemplo, si una carrera profesional planeada deja de ser viable, explorar alternativas en lugar de aferrarse al plan original demuestra flexibilidad. Esta actitud permite enfrentar la incertidumbre con más seguridad, convirtiendo cambios inesperados en oportunidades para crecer (*Overcoming Obstacles*, s. f.).

Las guías y estrategias concretas pueden ser de gran ayuda para manejar los desafíos de la vida, pues ofrecen rutas claras para construir resiliencia. Actividades como tejer permiten reflexionar sobre tus emociones y experiencias, ayudándote a identificar patrones y a entender lo que sientes con mayor claridad, lo que facilita respuestas más saludables. La actividad física regular —desde una caminata hasta un entrenamiento más intenso— reduce el estrés y mejora el estado de ánimo, complementando el efecto calmante de tejer. Además, buscar apoyo durante momentos difíciles es clave. Contar con una red confiable te da acceso a consejos, motivación y perspectivas diversas. Acercarte a otros evita la sensación de aislamiento, común en situaciones complicadas, y fomenta un sentido de comunidad y resiliencia compartida. Conversar con personas de confianza puede revelar soluciones o ideas que antes no habías considerado, mostrando la fuerza que tiene la conexión humana en tiempos difíciles.

Cómo pueden ayudar padres y educadores

Los educadores y padres tienen un papel fundamental al ayudar a niños y estudiantes a desarrollar resiliencia emocional, modelando conductas y actitudes que promueven el crecimiento frente a la adversidad. Una estrategia clave es fomentar una mentalidad que vea los obstáculos como oportunidades de crecimiento y no como barreras imposibles. Al mostrar cómo superar desafíos —ya sea ajustando estrategias o aprendiendo de los errores— los adultos enseñan a integrar las dificultades como parte natural del proceso de aprendizaje. Por ejemplo, los padres pueden acompañar a sus hijos cuando se frustran con las tareas escolares, ayudándolos a dividir las actividades en pasos más pequeños y manejables, reforzando la idea de que los tropiezos son temporales y pueden utilizarse para mejorar.

Además, el diálogo interno positivo y las habilidades de resolución de problemas pueden fortalecerse mediante la motivación constante. Los educadores pueden crear un ambiente de apoyo en el aula donde se recuerden los éxitos previos de los estudiantes, reforzando su confianza y sentido de competencia. Cuando los niños enfrentan dificultades académicas o sociales, los padres pueden usar un lenguaje que empodera, como «Puedes con esto» o «Busquemos juntos un nuevo enfoque».

Por último, construir una red de apoyo sólida es esencial para cultivar la resiliencia emocional. Padres y educadores pueden animar a los estudiantes a buscar ayuda cuando la necesiten y a formar redes de apoyo dentro y fuera del aula. Ya sea mediante grupos de compañeros, mentorías o conversaciones familiares, tener a alguien con quien hablar en momentos difíciles reduce la sensación de aislamiento y promueve el crecimiento emocional. Al modelar estas conductas y brindar herramientas para la autorregulación y el apoyo, padres y educadores ayudan a los niños a desarrollar resiliencia, adaptarse a los cambios y salir fortalecidos frente a los desafíos.

Al pasar al Capítulo 4, «Fomentar la autoconsciencia», exploraremos cómo la autoconsciencia es esencial para desarrollar resiliencia. Cambia el enfoque de solo manejar los desafíos a entender cómo reconocer nuestros pensamientos y emociones impulsa el crecimiento personal y la autoaceptación.

El capítulo presenta técnicas como mapas mentales, clarificación de valores y retroalimentación para alinear acciones con valores y gestionar emociones de manera más efectiva. Identificar las respuestas emocionales en situaciones de estrés fortalece la resiliencia, mientras que comprender los valores personales alimenta la autenticidad.

PUNTOS CLAVE

- Desarrollar resiliencia emocional es esencial para manejar desafíos en diferentes etapas de la vida, permitiendo recuperarse de los tropiezos manteniendo el bienestar mental.

- La resiliencia es la capacidad de adaptarse a la adversidad y al estrés, promoviendo crecimiento personal y estabilidad emocional.

- Entre los beneficios de la resiliencia están una mejor regulación emocional, habilidades de afrontamiento más sólidas y la capacidad de ver los desafíos como oportunidades de aprendizaje.

- Construir resiliencia suele implicar adoptar una mentalidad de crecimiento, que invita a ver los fracasos como oportunidades de mejora y desarrollo personal.

- Las técnicas efectivas de regulación emocional incluyen identificar y manejar detonantes, practicar el diálogo interno positivo y usar estrategias sanas como escribir en un diario o realizar actividad física.

- Una comunidad de apoyo es vital para la resiliencia, ya que las conexiones sociales brindan consuelo emocional, nuevas perspectivas y un sentido de pertenencia en tiempos difíciles.

- A medida que las personas construyen resiliencia, aprenden a aceptar el cambio y la flexibilidad, convirtiendo los obstáculos en oportunidades para crecer y comprenderse mejor.

CAPÍTULO 4

Fomentar la autoconsciencia

Identificar nuestros detonantes emocionales nos da el poder de controlar nuestras reacciones, permitiéndonos enfrentar los desafíos de la vida con valentía, claridad y propósito.

Construir autoconsciencia es un paso vital para entender quiénes somos y qué nos impulsa. Es esencial para el crecimiento personal y la autoaceptación, porque nos permite reconocer nuestros pensamientos, emociones y reacciones. Cuando sintonizamos con nosotros mismos, iniciamos un viaje de autodescubrimiento que revela las capas que nos conforman. Esto es especialmente importante para quienes atraviesan desafíos emocionales, ya que ofrece herramientas para manejar mejor los altibajos de la vida. El apoyo de familia y amigos puede fortalecer la resiliencia emocional al fomentar esta autoconsciencia. Para educadores y profesionales del bienestar, cultivar esta habilidad en todas las edades ayuda a desarrollar inteligencia emocional y a preparar a las personas para enfrentar desafíos con mayor seguridad.

TÉCNICAS DE AUTORREFLEXIÓN

Entenderse a uno mismo para el desarrollo personal

Comprenderse a uno mismo es esencial para el desarrollo personal y la autoaceptación. Una manera efectiva de iniciar este proceso de introspección es mediante los mapas mentales. Establecer un momento fijo para realizarlos ayuda a convertirlos en un hábito. Elige un lugar cómodo y libre de distracciones. Empieza con una idea o pregunta central —como tus valores principales o experiencias recientes que te hayan impactado— y deja que tus pensamientos se ramifiquen de forma natural. Usa colores, símbolos o imágenes para aportar claridad y creatividad. Estas estrategias organizan tus ideas de manera visual, revelan patrones y profundizan tu comprensión personal, contribuyendo a tu crecimiento y aceptación.

Clarificación de valores

La clarificación de valores es una herramienta poderosa para fomentar la autoconsciencia y alinear acciones con principios personales. Esta práctica invita a reflexionar intencionalmente sobre los valores fundamentales, creando un espacio para evaluar cómo influyen en nuestras decisiones y comportamientos. Al identificar y priorizar lo que realmente importa, las personas obtienen claridad y desarrollan un sentido más fuerte de propósito. Comienza sentándote en un lugar tranquilo y concentrándote en un valor o pregunta específica, como «¿Qué guía mis decisiones?» o «¿Qué principios influyen en mis relaciones?». Permite que los pensamientos fluyan de manera natural y explora cómo se conectan con tu vida diaria. Con el tiempo, esta práctica se vuelve una forma significativa de fortalecer la autocomprensión, alinear acciones con creencias y afrontar desafíos con autenticidad y seguridad. Reflejar de manera regular estos valores abre un camino hacia una vida más coherente con tus convicciones más profundas.

Aprender de la mirada de los demás

Obtener perspectivas de otras personas es esencial para mejorar la autoconsciencia. A menudo tenemos puntos ciegos que frenan nuestro crecimiento personal. La retroalimentación de amigos, familiares o mentores puede iluminar estas áreas. La crítica constructiva señala aspectos que podemos mejorar y brinda una imagen más clara de cómo nos perciben los demás, percepción que a veces difiere de la nuestra. Recibir comentarios con apertura y curiosidad —en lugar de ponerse a la defensiva— permite aprovechar al máximo estas observaciones. Haz preguntas específicas para obtener información clara y utiliza estas perspectivas externas para identificar áreas de crecimiento. Aceptar la retroalimentación fomenta una mentalidad de aprendizaje continuo y mejora personal, ofreciendo información valiosa que tal vez no descubrirías por ti mismo. El objetivo no es solo escuchar los comentarios, sino reflexionar sobre ellos e integrarlos en tu autoconsciencia.

Reflexión guiada mediante preguntas

La reflexión guiada mediante preguntas también estimula la introspección. Preguntas como «¿Cuáles son mis valores fundamentales?» invitan a un autoanálisis profundo. Explorar estas preguntas con intención puede revelar los principios más importantes para tu identidad. Reconocerlos te permite alinear tus decisiones y acciones con ellos, promoviendo autenticidad en tu día a día. Dedica tiempo a pensar cada pregunta con sinceridad, permitiendo que surjan revelaciones de forma natural. Estas preguntas funcionan como catalizadores de descubrimientos importantes sobre quién eres y qué valoras. Tener claridad sobre tus creencias y valores orienta tus elecciones y te fortalece para vivir de manera más auténtica, alineado con tu esencia.

Herramientas para jóvenes

Para jóvenes que enfrentan desafíos emocionales, como adolescentes y adultos jóvenes, estas herramientas de introspección son especialmente valiosas. Les brindan formas de canalizar emociones de manera constructiva y crean una base para comprenderse mejor. Además, padres y cuidadores pueden usar estas técnicas para acompañar el crecimiento emocional de sus hijos, fomentando diálogos abiertos sobre pensamientos y sentimientos. Educadores y profesionales del bienestar también pueden integrar estas estrategias para guiar a los jóvenes y promover inteligencia emocional y resiliencia dentro de los entornos educativos.

EJERCICIO DE AUTORREFLEXIÓN: EXPLORACIÓN DE VALORES FUNDAMENTALES

Propósito

Este ejercicio tiene como objetivo ayudarte a identificar y reflexionar sobre tus valores fundamentales, ayudándote a alinear tus acciones y decisiones con lo que realmente importa para ti y fomentando una vida más auténtica.

INSTRUCCIONES

Tómate un momento para responder con sinceridad las siguientes preguntas. Reflexiona sobre tus respuestas y permite que te guíen hacia una mejor comprensión de tus propios valores.

¿Qué cualidades admiro más en los demás?

Las cualidades que admiras suelen reflejar los valores que consideras importantes. Ya sea la amabilidad, la ambición, la honestidad o la creatividad, estas características pueden revelar qué valoras en tus relaciones e interacciones.

_____

_____

_____

_____

_____

_____

_____

_____

_____

_____

- **Sugerencia:** Si no estás seguro de qué cualidades admiras, piensa en tus amigos, tu familia o incluso en celebridades que respetas. ¿Qué hacen que los hace destacar para ti? ¿Ayudan a otros, trabajan duro o defienden lo que es correcto? No pasa nada si no tienes una respuesta inmediata; a veces estos rasgos aparecen en pequeños gestos que para ti tienen significado.
- **Ejemplo:** Tal vez admiras a alguien por ser muy amable o valoras la determinación de un amigo que sigue adelante incluso cuando algo se pone difícil. Estas cualidades —como la amabilidad, la

perseverancia o la empatía— pueden ser parte de tus propios valores fundamentales.

¿Cuándo me he sentido más orgulloso de mí mismo?
¿Qué valores se reflejaron en ese momento?

El orgullo suele surgir cuando actuamos en coherencia con nuestros valores. Reflexionar sobre los momentos que te han hecho sentir orgulloso puede ayudarte a identificar los valores que impulsan tu sentido de logro.

_____

_____

_____

_____

_____

_____

_____

_____

_____

_____

_____

_____

_____

_____

_____

_____

_____

_____

_____

_____

- **Sugerencia:** Piensa en ocasiones —grandes o pequeñas— en las que hayas logrado algo y te hayas sentido bien contigo mismo. Tal vez ayudaste a un amigo, completaste un proyecto importante o defendiste lo que creías correcto. Esos momentos de orgullo suelen revelar los valores que más significan para ti.
- **Ejemplo:** Si te has sentido orgulloso por apoyar a un compañero o defender a un amigo, esto podría reflejar valores como la lealtad, el

trabajo en equipo o la amabilidad.

¿Qué es aquello en lo que nunca cedería, sin importar la situación?
Las cosas en las que no estás dispuesto a ceder representan las partes más esenciales de tu identidad. Ya sea la honestidad, la lealtad o la justicia, esta pregunta te ayuda a identificar los valores que consideras innegociables.

_____

_____

_____

_____

_____

_____

_____

_____

_____

_____

_____

_____

_____

_____

_____

_____

_____

_____

_____

_____

_____

_____

_____

- **Sugerencia:** Si no tienes claro qué no cederías, piensa en momentos en los que enfrentaste presión social o decisiones difíciles. ¿Alguna vez defendiste algo aunque no fuera la opción más fácil? Esos momentos pueden mostrar qué valores tienes más arraigados.
- **Ejemplo:** Tal vez nunca mentirías a tus amigos o te negarías a participar en algo que consideras incorrecto. Esto refleja valores

como honestidad, integridad y justicia.

Si pudiera enfocarme en una sola prioridad en mi vida, ¿cuál sería y por qué? Esta pregunta te reta a identificar lo que más te importa. Te invita a pensar en aquello que guía tus decisiones, ya sea la familia, el crecimiento personal o generar un impacto positivo.

_____

_____

_____

_____

_____

_____

_____

_____

_____

_____

- **Sugerencia:** Si no sabes cuál sería tu prioridad, piensa en lo que te hace feliz o en lo que te gustaría lograr en el futuro. Tal vez tus amistades, el éxito escolar o una actividad que amas. Aquello a lo que le das más importancia puede mostrar cuáles son tus valores centrales.
- **Ejemplo:** Si te apasiona ayudar a otros, quizás tu prioridad sea generar un impacto positivo. O si valoras mucho tu crecimiento

personal, puede que aprender y mejorar cada día sea tu enfoque principal.

¿Qué es aquello que constantemente defiendo?
Cuando defiendes algo con frecuencia, suele ser porque está alineado con tus valores fundamentales. Esto puede incluir luchar por la igualdad, la libertad personal o el cuidado del medio ambiente.

_____

_____

_____

_____

_____

_____

_____

_____

_____

_____

_____

_____

_____

_____

_____

_____

_____

_____

_____

_____

_____

_____

- **Sugerencia:** Piensa en momentos en los que hayas hablado o defendido a alguien o algo. ¿Sueles defender a tus amigos, la justicia o el planeta? Estas situaciones suelen mostrar qué valores son más importantes para ti y por qué estás dispuesto a luchar.
- **Ejemplo:** Si defiendes a un compañero que está siendo tratado

de forma injusta, eso muestra que valoras la justicia y la empatía. Si te apasiona el medio ambiente, quizá tu valor principal sea la sostenibilidad.

¿Cuándo me siento más auténtico conmigo mismo?

La autenticidad surge al vivir de acuerdo con tus valores. Reflexionar sobre los momentos en los que te sientes más tú mismo puede ayudarte a entender qué entornos, acciones y decisiones permiten que tu esencia brille.

_____

_____

_____

_____

_____

_____

_____

_____

_____

_____

_____

- **Sugerencia:** Si no sabes cuándo te sientes más auténtico, piensa en momentos en los que te hayas sentido tranquilo y en confianza. ¿Estabas con amigos cercanos, haciendo algo que disfrutas o defendiendo lo que crees correcto? Esos momentos suelen reflejar cuándo estás alineado con tus valores.

- **Ejemplo:** Si te sientes más tú mismo cuando ayudas a otros o cuando participas en actividades que te gustan, esto podría indicar valores como la amabilidad, el trabajo en equipo o la creatividad.

¿Qué papel juega la integridad en mis decisiones?

La integridad es un valor fundamental para muchas personas. Esta pregunta te ayuda a evaluar cuánta importancia le das a la honestidad y la transparencia en tus decisiones, y cómo estos valores influyen en tus acciones y comportamientos.

_____

_____

_____

_____

_____

_____

_____

_____

_____

_____

_____

- **Sugerencia:** Si no estás seguro de cómo influye la integridad en tus decisiones, piensa en momentos en los que tuviste que elegir entre hacer lo correcto o hacer lo fácil. Elegir lo correcto no siempre es sencillo, pero demuestra que valoras la honestidad, la confianza y actuar con rectitud incluso cuando es difícil.

- **Ejemplo:** Si alguna vez decidiste no copiar en un examen aunque fuera la opción más fácil, eso refleja integridad. Muestra que valoras la honestidad incluso en situaciones complicadas.

¿Cómo quiero que los demás me describan?
¿Qué valores quiero que asocien conmigo?
Esta pregunta te invita a pensar en la impresión que dejas en los demás. Las cualidades por las que quieres ser conocido —como ser confiable, compasivo o creativo— suelen estar ligadas a tus valores fundamentales.

_____

_____

_____

_____

_____

_____

_____

_____

_____

_____

_____

_____

_____

_____

_____

_____

_____

_____

_____

_____

_____

- **Sugerencia:** Si no estás seguro de cómo quieres que te describan, piensa en las cualidades que admiras en otras personas. ¿Qué características te gustaría que otros vieran en ti? Ya sea la amabilidad, la responsabilidad o la creatividad, esto puede ayudarte a identificar los valores que deseas transmitir.

- **Ejemplo:** Tal vez quieres que otros te describan como alguien confiable y atento. Si es así, eso puede reflejar valores como la responsabilidad, la lealtad y la amabilidad.

RECONOCER LOS DETONANTES PERSONALES

Reconocer los detonantes personales que influyen en nuestras respuestas emocionales y conductuales es un paso importante para desarrollar autoconsciencia. Entender cómo los estímulos externos se conectan con nuestras reacciones internas mejora la gestión emocional, permitiendo respuestas más equilibradas y reflexivas. Una estrategia útil para identificar estos detonantes es observar conscientemente nuestras reacciones emocionales. Esta práctica anima a notar cuándo las emociones se intensifican y a reflexionar sobre las situaciones que pudieron contribuir a ello.

El impacto de las conversaciones políticas

Por ejemplo, imagina que conversas con un amigo cercano y, durante la charla, sientes de repente una oleada de enojo cuando expresa opiniones políticas muy distintas a las tuyas. Si te detienes un momento para reflexionar sobre esa reacción, podrías darte cuenta de que las discusiones políticas suelen activar tu enojo debido a creencias profundas o experiencias pasadas relacionadas con esos temas. Comprender este patrón te permite anticipar reacciones similares en el futuro y prepararte para responder de forma más consciente. En lugar de reaccionar impulsivamente, puedes elegir expresar tu perspectiva con calma, establecer límites respecto a las conversaciones políticas si es necesario, o redirigir el diálogo hacia puntos en común. Este proceso de autoobservación te ayuda a manejar tus respuestas emocionales con responsabilidad y fomenta el crecimiento personal al aumentar tu conciencia sobre los detonantes detrás de tu enojo (wadmin, 2024a).

La influencia del entorno

Además, reconocer cómo distintos entornos o interacciones afectan tus niveles de energía puede ofrecer información valiosa sobre tus afinidades personales y posibles ajustes necesarios. Cada persona conecta de manera diferente con ciertos lugares, personas y actividades. Por ejemplo, los espacios muy concurridos pueden agotar a algunas personas, mientras que otras se sienten más vivas en ambientes sociales. Reflexionar sobre estas experiencias te ayuda a identificar qué entornos te energizan o te desgastan, permitiéndote realizar cambios que favorezcan tu bienestar.

Imagina que te sientes especialmente cansado después de pasar tiempo en una cafetería muy concurrida. Reconocer esto puede motivarte a elegir lugares más tranquilos, ayudándote a mantener estabilidad mental y emocional. Por el contrario, si te sientes lleno de energía después de actividades grupales, puedes priorizarlas para mantener tu ánimo elevado. Esta autoconsciencia te da poder para tomar decisiones más acertadas, construir un estilo de vida alineado con tus necesidades y metas, y fortalecer tu resiliencia emocional (wadmin, 2024b).

Evaluar el comportamiento bajo estrés

Evaluar los patrones de comportamiento durante momentos de estrés también revela áreas de crecimiento y ayuda a manejar expectativas y desarrollar estrategias de afrontamiento. El estrés suele amplificar nuestras tendencias habituales, convirtiéndose en una oportunidad para observar y entender cómo reaccionamos bajo presión. Examinar estos patrones permite identificar problemas recurrentes que dificultan el crecimiento personal y encontrar soluciones adecuadas.

Piensa en cómo el estrés podría afectar tu desempeño en el trabajo o tus relaciones. Durante fechas límite, tal vez notes que tiendes a alejarte de tus compañeros o a ser demasiado crítico contigo mismo. Reconocer estos comportamientos te permite crear estrategias para mejorar, como practicar la comunicación abierta o establecer metas realistas. Esto ayuda a fijar expectativas más saludables para ti y para los demás, reduce conflictos relacionados con el estrés y favorece tu bienestar general.

Reconocer los síntomas físicos

Reconocer síntomas físicos como la tensión o la fatiga funciona como una señal importante para reevaluar tu estado emocional y mejorar tu bienestar general. Las manifestaciones físicas del estrés emocional —como dolores de cabeza o tensión muscular— suelen indicar detonantes emocionales no resueltos (wadmin, 2024b). Desarrollar conciencia de estos síntomas fortalece la autoconsciencia y te permite tomar medidas proactivas para cuidar tu salud mental.

Por ejemplo, quizá notes tensión en los hombros cada vez que enfrentas una situación especialmente estresante en el trabajo. Reconocer esta señal física te permite explorar su origen emocional e identificar qué aspectos del entorno laboral desencadenan esa reacción. Con esta conciencia, puedes recurrir a técnicas de relajación o buscar apoyo profesional para abordar las causas subyacentes, mejorando así tanto tu salud física como emocional (wadmin, 2024b).

Utilizar la autoobservación

Para aprovechar la autoobservación como herramienta, considera llevar un diario donde registres tus reacciones emocionales y los detonantes relacionados. Anota los momentos en los que tus emociones se intensifican, junto con detalles del contexto y cualquier estímulo específico presente. Con el tiempo, revisar estas entradas puede revelar patrones y aportar claridad sobre tu propio escenario emocional.

Esta práctica promueve una comprensión más profunda de tus detonantes personales y abre el camino hacia una gestión emocional más intencional. Registrar estas observaciones crea un recurso valioso para la reflexión, proporcionando información sobre patrones recurrentes y permitiéndote tomar decisiones conscientes sobre cómo responder a distintas situaciones. Este tipo de introspección impulsa el crecimiento personal y una mayor autoaceptación, fomentando una relación más equilibrada y armoniosa con tus emociones.

En general, desarrollar autoconsciencia mediante la identificación de detonantes emocionales es esencial para el crecimiento personal y el bienestar.

A través de la autoobservación y la reflexión sobre tus reacciones, obtienes información importante sobre lo que te afecta, permitiéndote manejar tus emociones con mayor responsabilidad. Comprender cómo distintos entornos e interacciones influyen en tus niveles de energía también ayuda a tomar decisiones que se alineen mejor con tus necesidades personales.

COMPRENDER LOS VALORES PERSONALES

Comprender e identificar los valores fundamentales es un paso importante para fortalecer la autoconsciencia y el crecimiento personal. Los valores centrales son los principios que guían nuestro comportamiento, nuestras decisiones y la manera en que nos entendemos a nosotros mismos. Explorar estos valores permite desarrollar autenticidad, integridad y resiliencia.

Identificar tus valores fundamentales puede impulsar un crecimiento significativo, y una herramienta útil para lograrlo es realizar un análisis personal FODA: Fortalezas, Oportunidades, Debilidades y Amenazas. Empieza explorando tus fortalezas, como rasgos que reflejan tus valores —por ejemplo, compasión, honestidad o resiliencia— y cómo influyen positivamente en tus decisiones. Luego examina tus debilidades, aquellas áreas donde tu conducta o elecciones pueden no estar alineadas con los valores que deseas mantener, como dificultades para ser constante o para establecer límites. Las oportunidades emergen al identificar formas de vivir con mayor autenticidad, ya sea cultivando relaciones significativas, persiguiendo metas que te realicen o participando en causas que coincidan con tus creencias. Finalmente, analiza las amenazas, como presiones externas, dudas personales o hábitos que podrían alejarte de tus valores. Este enfoque integral te ofrece una visión más clara de lo que realmente importa, ayudándote a tomar decisiones intencionales basadas en tus valores y a construir una vida más coherente y significativa.

Reflexionar sobre qué tan alineadas están tus acciones con tus valores identificados también es esencial para fortalecer la autoconsciencia. Esta reflexión motiva a vivir con autenticidad, asegurando que tus acciones reflejen tus creencias internas. También puede mostrar desajustes que generan malestar cuando no existe coherencia. Por ejemplo, si valoras la familia pero constantemente priorizas el trabajo sobre pasar tiempo con tus seres queridos, esta falta de alineación puede producir sentimientos de culpa o insatisfacción. Evaluar con regularidad si tus acciones apoyan tus valores fundamentales ayuda a mantener la integridad y reduce los conflictos internos (Perry, 2023).

Reconocer que nuestros valores pueden evolucionar con el tiempo es esencial para atravesar las transiciones de la vida con flexibilidad y claridad. A medida que las personas crecen y pasan por distintas etapas, aquello que antes era importante puede cambiar, dando lugar a nuevos valores que encajan mejor con sus realidades actuales. Por ejemplo, para un joven adulto, la prioridad puede pasar de alcanzar logros profesionales a enfocarse más en la salud y el bienestar. Entender que esta evolución es natural permite mayor apertura y reduce la confusión ante los cambios. Es un recordatorio de que la autoconsciencia es un viaje continuo que requiere introspección regular para mantenernos fieles a quienes somos.

Relacionarte con tu comunidad o con los valores culturales que te rodean también puede ampliar tu comprensión sobre tus creencias e identidad. Observar e interactuar con los valores presentes en tu entorno cultural puede revelar influencias externas que moldean tus propios valores. Ya sea la importancia del servicio comunitario o el peso de las tradiciones familiares, estas normas sociales influyen de forma significativa en nuestras creencias individuales. Reconocer y reflexionar sobre cómo los valores colectivos impactan los personales ayuda a obtener una perspectiva más amplia de la identidad y de las diversas experiencias que nos forman.

Crear un espacio seguro para conversar abiertamente con compañeros o mentores sobre tus valores puede facilitar estas exploraciones. Compartir perspectivas suele revelar nuevas ideas o reforzar creencias existentes. Participar en actividades comunitarias también ofrece experiencias prácticas que profundizan tu comprensión tanto de tus valores personales como de los valores compartidos.

ESTABLECER METAS PERSONALES REALISTAS

La autoconsciencia es una herramienta poderosa para el crecimiento personal.

Implica comprender tus emociones, motivaciones y valores, ayudándote a tomar decisiones alineadas con tu verdadero yo. Cuando desarrollas esta autoconsciencia, ganas claridad sobre lo que realmente importa, lo que te permite establecer metas que reflejen tus prioridades. Esto no solo mejora la toma de decisiones, sino que también fortalece tu compromiso con tus propios objetivos.

Establecer metas que estén alineadas con tus valores y tu autoconsciencia puede generar transformaciones significativas en tu vida. Una forma eficaz de hacerlo es mediante el uso del método SMART, un marco ampliamente reconocido para definir objetivos. SMART corresponde a Específico, Medible, Alcanzable, Relevante y con un Tiempo definido, y ofrece una estructura clara para plantear metas. Estos elementos ayudan a que tus objetivos sean concretos y accionables, facilitando el seguimiento del progreso. Por ejemplo, en lugar de una meta vaga como «estar más saludable», un objetivo SMART sería: «hacer ejercicio 30 minutos, cinco días a la semana, durante el próximo mes». Esto da una dirección clara y pasos medibles que ayudan a mantener la motivación (*SMART Goals*, s. f.).

Definir metas también implica anticipar posibles desafíos. Los obstáculos son inevitables, pero identificarlos desde el principio te permite prepararte para enfrentarlos sin frustración. Reconocer dificultades potenciales —como limitaciones de tiempo, falta de recursos o dudas personales— te ayuda a crear estrategias para superarlas. Este enfoque fortalece tus habilidades de resolución de problemas y te permite ajustar tus métodos en lugar de abandonar tus metas cuando aparecen dificultades.

Un aliado valioso en el camino hacia tus objetivos es el papel de las personas que fomentan la responsabilidad compartida. Involucrar a alguien más en tu proceso —ya sea un amigo, un mentor o un grupo de apoyo— añade motivación y compromiso, creando una red que impulsa el crecimiento en conjunto. Saber que alguien más cree en tu éxito convierte el esfuerzo en una meta compartida, generando un sentido de responsabilidad y ánimo para seguir adelante.

Cultivar la autoconsciencia es un viaje revelador que establece la base del desarrollo personal, la fortaleza emocional y la autoaceptación. Las técnicas presentadas en este capítulo ayudan a las personas a comprender profundamente sus pensamientos, emociones y acciones. Estas prácticas fomentan la autenticidad, mejoran la regulación emocional y permiten alinear la conducta con los valores fundamentales. Ver la autoconsciencia como un camino continuo nutre una relación más armoniosa con nosotros mismos y con los demás, dando lugar a una vida más equilibrada y plena.

Si bien la autoconsciencia es la base del crecimiento personal, la autoaceptación le da vida al ayudarnos a abrazar cada parte de quienes somos. En un mundo influido por presiones sociales y expectativas externas, desarrollarla requiere intención y compasión. En el próximo capítulo exploraremos estrategias para superar presiones sociales, promover una imagen corporal positiva, celebrar la individualidad y practicar la autocompasión. Este capítulo te invitará a cuestionar narrativas limitantes, honrar tu propio camino y construir una base de paz interior y amor propio que sostenga un bienestar duradero.

PUNTOS CLAVE

- Desarrollar autoconsciencia es crucial para el crecimiento personal y la autoaceptación, ayudando a reconocer pensamientos, emociones y reacciones.

- Técnicas de autorreflexión como los mapas mentales y la clarificación de valores guían a las personas a descubrir sus valores fundamentales y a tomar decisiones con mayor intención.

- La retroalimentación de amigos y mentores de confianza puede revelar puntos ciegos, profundizar la autoconsciencia y apoyar el aprendizaje continuo y la mejora personal.

- Las preguntas reflexivas impulsan la introspección, ayudando a comprender la identidad y a alinear acciones con los valores personales.

- Identificar detonantes personales y patrones conductuales ayuda a manejar las emociones de forma más efectiva y responder con mayor claridad ante situaciones estresantes.

- Realizar un análisis personal FODA permite examinar fortalezas, debilidades, oportunidades y amenazas, ofreciendo claridad para tomar decisiones basadas en valores.

- Establecer metas personales realistas usando el método SMART garantiza objetivos específicos, medibles, alcanzables, relevantes y con un tiempo definido, lo que refuerza la motivación y el compromiso.

- Participar en conversaciones abiertas sobre valores personales y mantener aliados de responsabilidad favorece una comprensión más profunda y motiva el crecimiento.

CAPÍTULO 5

———

Cultivar la autoaceptación

Nuestro valor no está determinado por las expectativas sociales, sino por el amor y la aceptación que nos damos a nosotros mismos.

Abrazar la autoaceptación es un camino esencial que nos invita a examinar cómo nuestra identidad se relaciona con las expectativas sociales externas. En el mundo actual, estas expectativas suelen imponer definiciones rígidas de belleza, éxito y valor, creando un ambiente en el que las personas sienten presión por ajustarse a estándares muy limitados para encajar. Estos ideales impuestos pueden desgastar la confianza personal y dificultar que valoremos nuestras cualidades únicas. Mientras avanzas por este capítulo, tómate un momento para reflexionar sobre cómo estas expectativas sociales han influido en tu forma de verte a ti mismo y a los demás. Reconocer su impacto es el primer paso para liberarte de las limitaciones que imponen estos ideales poco realistas.

SUPERAR LAS PRESIONES SOCIALES

En nuestro camino hacia la autoaceptación, es importante observar con mayor detalle los estándares sociales y el efecto que tienen en nosotros. La sociedad suele establecer metas que no solo son difíciles de alcanzar, sino a veces imposibles, generando expectativas poco realistas. Ya sea la imagen de belleza «perfecta» mostrada en los medios o la idea de éxito definida por la riqueza y el estatus, estos estándares pueden llevar a muchas personas —especialmente adolescentes y jóvenes adultos— a sentirse insuficientes cuando no cumplen con ellos. Esa sensación puede arraigarse profundamente, afectando la autoestima y el bienestar mental (Michot, 2023).

Reconocer las presiones sociales que enfrentamos es un paso esencial para manejarlas de manera efectiva. Una vez que identificamos estas expectativas externas, podemos empezar a cuestionarlas y evaluarlas con una mirada crítica. Comprender que muchas de estas presiones no reflejan nuestro verdadero valor o capacidades nos permite acercarnos al crecimiento personal y a la autoaceptación con más consciencia. Conversar sobre estas normas sociales poco realistas puede ayudar a adolescentes, jóvenes, padres y educadores a cambiar su perspectiva y fomentar una mentalidad más saludable (BetterHelp Editorial Team, 2025).

Cuando identificamos estas influencias, podemos elegir conscientemente no dejarnos llevar por ellas. Es fundamental desarrollar estrategias de resistencia que nos ayuden a mantener la autoaceptación y la autenticidad. Por ejemplo, fortalecer el pensamiento crítico y fomentar el diálogo abierto sobre estas normas puede empoderar a los jóvenes a cuestionar y redefinir lo que significan para ellos el éxito y la belleza.

Padres y educadores desempeñan un papel fundamental en la formación de la perspectiva de los jóvenes, guiándolos a entender que alcanzar ideales sociales —como el éxito, la riqueza o el estatus— no define su valor personal ni garantiza la verdadera felicidad. Ayudan a los jóvenes a comprender la complejidad de estas expectativas y a explorar sus propios valores y pasiones. Al promover un entorno de apoyo que celebre la individualidad, padres y educadores pueden inspirar a la juventud a priorizar su propio valor y bienestar por encima de la validación externa. Este acompañamiento es clave para que las nuevas generaciones comprendan que la satisfacción real suele venir de dentro, no de ajustarse a normas externas o medir su valía según los estándares sociales. A través de la comunicación abierta, el acompañamiento y el refuerzo positivo, pueden cultivar resiliencia y autoconsciencia, impulsando a los jóvenes a seguir caminos auténticos que reflejen su identidad única.

Desarrollar definiciones personales de éxito y belleza es otro aspecto importante en este proceso de autoaceptación. El éxito no tiene por qué vincularse a indicadores sociales como trabajos bien remunerados o reconocimiento público. Puede significar cumplir metas personales, disfrutar de actividades que te apasionan o fortalecer relaciones significativas. Del mismo modo, redefinir la belleza para incluir diversidad de cuerpos y expresiones puede mejorar significativamente la autoestima. Este cambio —de buscar validación externa a encontrar satisfacción interna— favorece una percepción más sana de uno mismo y una autoaceptación más sólida.

Desarrollar confianza a partir de estas nuevas definiciones es un proceso constante. Enfocarte en tus fortalezas personales y celebrar pequeños logros te permite construir un sentido de orgullo y satisfacción desde dentro. Reforzarte con afirmaciones positivas y rodearte de influencias que te apoyen también fortalece esta mentalidad. Se trata de recordar que tu valor es inherente y no depende de cumplir criterios externos.

El apoyo comunitario es vital para que las personas no se sientan solas en sus luchas. Conectarte con compañeros, mentores o grupos de apoyo que compartan tus valores ofrece tranquilidad y experiencias compartidas. Esto crea un ambiente donde puedes expresarte libremente sin miedo al juicio, fortaleciendo así tu sentido de pertenencia. Estas comunidades funcionan como espacios seguros para intercambiar ideas, compartir desafíos y celebrar logros en conjunto.

Imagina a alguien que se muda a una ciudad nueva, emocionado por comenzar de cero pero sintiéndose un poco perdido y solo al principio. Aún no conoce a nadie y lo desconocido del entorno le dificulta sentirse conectado. Sin embargo, decide unirse a un grupo local para recién llegados o a una red profesional. De pronto, empieza a conocer personas que entienden lo que está viviendo, gente que ha pasado por lo mismo y puede ofrecer consejos o simplemente escuchar.

A medida que conversa con los demás, comienza a sentirse más tranquilo, sabiendo que no está solo en esta nueva etapa. El grupo se convierte en un espacio seguro donde puede compartir retos, celebrar pequeños avances y aprender de las experiencias de otros. Con el tiempo, estas nuevas amistades le ayudan a sentirse parte del lugar, brindándole el apoyo y la confianza necesarios para prosperar en su nueva ciudad.

TÉCNICAS DE POSITIVIDAD CORPORAL

En la sociedad actual, la idea de la positividad corporal ha surgido como un movimiento poderoso que invita a valorar todos los cuerpos y experiencias. Esta perspectiva reconoce la belleza en la diversidad, desafiando los estándares tradicionales que durante mucho tiempo han dictado cómo «debería» ser un cuerpo. Reconocer esta verdad es esencial para quienes buscan autoaceptación en un entorno dominado por mensajes mediáticos constantes. Promover la positividad corporal ayuda a apreciar la propia singularidad y a valorarse de manera más integral, sin intentar ajustarse a un ideal limitado.

Una forma eficaz de fomentar el amor propio y una imagen corporal saludable es incorporar rituales diarios que celebren el cuerpo. Estos rituales pueden ser prácticas simples pero significativas que promuevan la autoapreciación. Actividades como pintar, practicar tai chi o reflexionar sobre metas y logros personales pueden fortalecer una percepción más saludable de uno mismo. Por ejemplo, empezar el día con un ejercicio de gratitud centrado en el cuerpo —como reconocer la fortaleza de las piernas o la calidez de una sonrisa— ayuda a cambiar el enfoque de las supuestas «imperfecciones» hacia la gratitud por lo que el cuerpo permite hacer. Practicar estos rituales de forma constante nutre la relación contigo mismo y refuerza tu autoestima.

A partir de esta base de amor propio, otro paso clave hacia la autoaceptación consiste en identificar los detonantes que generan una imagen corporal negativa. Estar consciente de estos detonantes permite manejar mejor las respuestas emocionales y desarrollar estrategias de afrontamiento. Como mencionamos en el capítulo anterior, estos detonantes pueden incluir ciertas cuentas de redes sociales o actividades que fomentan la comparación o la insatisfacción. Identificarlos permite reducir la exposición o enfrentarlos con una perspectiva más crítica. Implementar cambios —como crear un entorno digital más sano o unirse a comunidades de apoyo— fortalece la resiliencia y disminuye el impacto de estas influencias negativas (*Cómo podemos proteger*, s. f.).

Además, aceptar que la belleza es subjetiva es fundamental para reforzar la autoestima. Cuestionar los ideales tradicionales promovidos por los medios permite redefinir la belleza de manera más inclusiva y personal. La belleza no solo abarca la apariencia física, sino también cualidades como la amabilidad, la inteligencia o la creatividad. Destacar atributos internos junto a los externos amplía la definición de belleza y empodera a las personas a verse como valiosas independientemente de los estándares sociales (*La importancia de la positividad corporal*, 2024).

Necesitamos cambiar el enfoque de la apariencia hacia las cualidades internas —como la amabilidad, la creatividad y la fortaleza— que nutren una autoestima más profunda y sostenible. En lugar de centrarnos en cómo nos vemos en el espejo, podemos celebrar cómo apoyamos a un amigo que lo necesita o cómo nuestra creatividad resuelve un problema. Aunque la apariencia cambie, las cualidades internas permanecen, permitiéndonos apreciarnos por quienes somos realmente. Valorar la amabilidad nos recuerda nuestro impacto en los demás, la creatividad impulsa la expresión personal y la fortaleza construye resiliencia ante los retos. Este cambio no solo aumenta el amor propio y la confianza, sino que también fortalece las relaciones al motivarnos a reconocer las cualidades internas de los demás.

La positividad corporal es una experiencia poderosa que permite celebrar la individualidad y redefinir los estándares tradicionales de belleza. Promueve el amor propio a través de rituales diarios, fortalece la resiliencia ante las presiones sociales y celebra la diversidad de experiencias humanas. Más allá de desafiar los estándares limitados, la positividad corporal aboga por la representación, la inclusión y conversaciones abiertas sobre el valor personal y la salud mental. Al valorar nuestros cuerpos por sus capacidades y abrazar lo que nos hace únicos, desafiamos las normas sociales e inspiramos a otros a hacer lo mismo.

CELEBRAR LA INDIVIDUALIDAD

Abrazar tus cualidades únicas es más que una transformación personal: es un viaje poderoso que puede enriquecer profundamente tu vida. Cuando comienzas a reconocer y aceptar los rasgos que te definen, te liberas de la presión de compararte con los demás y abres la puerta a una mayor confianza, autoestima y sentido de identidad. Este camino no solo trata de reconocer quién eres, sino de celebrar aquello que te hace auténticamente tú. Al hacerlo, construyes la base para una vida más plena y genuina.

Reconociendo tu verdadero yo

Abrazar tus cualidades distintivas puede enriquecer de forma significativa tu experiencia de vida. El primer paso esencial en este camino es reconocer los rasgos que definen quién eres. Al reconocer estas cualidades personales, te das permiso para valorar tu individualidad, libre de la presión de compararte con los demás. Este acto de autoaceptación enciende la confianza y fortalece la autoestima, sentando las bases de una identidad resiliente e inquebrantable.

PASOS PARA ABRAZAR TU SINGULARIDAD

1. **Identifica tus características distintivas:** Comienza identificando las características específicas que te hacen único. Esto implica introspección y reflexión, permitiéndote observar los rasgos que te han formado en la persona que eres hoy. Cuando comprendes estas cualidades, puedes empezar a apreciar la verdadera esencia de ti mismo.

2. **Desafíate a explorar nuevas experiencias:** Salir de tu zona de confort es vital para el crecimiento. Busca nuevas experiencias para descubrir talentos ocultos y ampliar tu comprensión de lo que realmente resuena contigo. Ya sea comenzar un pasatiempo, como aprender un instrumento, o probar una forma distinta de ejercicio, cada nueva actividad puede ofrecer valiosos conocimientos sobre tus capacidades e intereses.

3. **Participa en la expresión creativa:** Las actividades creativas ofrecen una excelente vía para abrazar la individualidad. Actividades como pintar, escribir o hacer música te permiten expresar tus pensamientos y emociones más profundos. Estas formas artísticas no solo sirven como medio de autoexpresión, sino que también te permiten proyectar tu identidad única hacia los demás, reforzando tu sentido de autenticidad.

Celebrando tus rasgos únicos

Celebrar tu singularidad significa apreciar tanto tu belleza intrínseca como tus rasgos físicos distintivos. Se trata de verte a ti mismo desde una perspectiva más profunda, más allá de los estándares convencionales de belleza. Reconocer y aceptar estos rasgos fomenta una visión compasiva de ti mismo, fortaleciendo tu autoimagen. Al abrazar tu singularidad, comienzas a apreciar que lo que podría percibirse como imperfecciones es, en realidad, una parte esencial de lo que te hace exclusivamente hermoso.

GUÍAS PARA ABRAZAR TU SINGULARIDAD

1. **Identifica tus intereses y pasiones personales:** Comienza reflexionando sobre las actividades y los temas que captan tu atención. ¿Cuáles son las cosas que más te apasionan? Estos intereses suelen revelar aspectos más profundos de tu yo auténtico y pueden guiarte hacia experiencias que te brindan satisfacción y propósito.

2. **Usa la expresión creativa como herramienta de descubrimiento:** Los medios creativos, como el dibujo, la escultura o la danza, te permiten explorar y comunicar tu identidad. No existe un modo correcto o incorrecto cuando se trata de creatividad; solo expresión personal. Experimentar con distintas formas de arte puede desbloquear talentos ocultos y profundizar tu conexión contigo mismo.

3. **Refina y nutre tus habilidades únicas:** Dedica tiempo a desarrollar las fortalezas que te diferencian de los demás. Reflexiona sobre

las habilidades en las que te sientes más seguro e invierte en perfeccionarlas. Estas capacidades pueden brindarte realización personal y éxito en diversas áreas de tu vida. Celebrar incluso los logros más pequeños refuerza el valor de tu individualidad y fomenta un crecimiento continuo.

Vivir con autenticidad

Celebrar tu individualidad va más allá de la introspección personal y la alegría; abarca la manera en que vives tu vida e interactúas con los demás. Vivir con autenticidad implica alinear tus acciones con tus valores y creencias fundamentales. Esta coherencia fomenta conexiones genuinas con quienes te rodean y atrae relaciones que elevan y apoyan tu yo auténtico.

A medida que ganas confianza en quien eres, atraerás de manera natural a personas que aprecian y honran tu singularidad. Estar en compañía de estas personas fortalece tu camino hacia la autoaceptación y crea un entorno de apoyo para el desarrollo personal continuo.

Valorar tus características únicas es una práctica profundamente gratificante que no solo impulsa tu autoestima, sino que también abre puertas a oportunidades de crecimiento y satisfacción. Al reconocer y nutrir tu individualidad, emprendes un camino que te conduce a una vida más auténtica. Rodéate de quienes celebran tu camino y mantente abierto a descubrir nuevos aspectos de ti mismo. Al continuar reconociendo quién eres realmente, construyes una confianza inquebrantable que brilla en todos los aspectos de tu vida.

PRACTICAR LA AUTOCOMPASIÓN

La autocompasión es esencial para nuestro bienestar emocional y para aprender a aceptarnos tal como somos. Consiste en tratarnos con el mismo cuidado y la misma amabilidad que ofreceríamos a un buen amigo, especialmente cuando la vida se vuelve complicada. En lugar de caer en la trampa de la autocrítica severa, la autocompasión nos invita a enfrentar nuestras dificultades con paciencia, comprensión y empatía. Al adoptar esta forma de pensar, fortalecemos nuestra salud mental, desarrollamos resiliencia y cultivamos un sentido más sólido de autoestima.

La autocompasión no solo se trata de ser amable contigo mismo cuando algo sale mal, sino de construir hábitos que te ayuden a reconocer y abrazar tu humanidad en su totalidad, con todas sus fortalezas e imperfecciones. Es una herramienta poderosa para contrarrestar los pensamientos negativos, mejorar tu autoestima y desarrollar una imagen personal más positiva y saludable. A continuación, encontrarás algunos pasos prácticos para incorporar más autocompasión en tu vida diaria, ayudándote a crecer emocionalmente y a profundizar tu amor propio.

Afirmaciones positivas

Las afirmaciones positivas son herramientas muy efectivas para transformar tu diálogo interno. Crea una lista de afirmaciones que resuenen contigo y reflejen tus fortalezas, valores y crecimiento personal. Estas frases funcionan como recordatorios de tu valor inherente, ayudándote a mantenerte conectado con una autoimagen más positiva.

Haz el hábito de repetir estas afirmaciones a lo largo del día, especialmente en momentos de duda o al enfrentar desafíos. Por ejemplo, puedes decirte: «Merezco amor y respeto» o «Soy capaz de superar los obstáculos, y cada tropiezo es una lección de resiliencia». Con el tiempo, estas afirmaciones transforman tu narrativa interna, fomentando una mentalidad de autoconsciencia, empoderamiento y compasión.

AFIRMACIONES POSITIVAS

Aquí tienes 15 afirmaciones poderosas para elevar tu mentalidad y transformar tu diálogo interno.

1. Merezco amor, logros y alegría.
2. Poseo la fuerza para alcanzar cualquier meta que me proponga.
3. Confío en mi capacidad para tomar decisiones que favorezcan mi bienestar.
4. Cada día cultivo mayor fortaleza y resiliencia.

5. Libero mis miedos y doy la bienvenida a la seguridad en mí mismo.

6. Tomo el control de mis emociones y de mis pensamientos.

7. Soy merecedor de todas las bendiciones que llegan a mi vida.

8. Elijo conscientemente dejar ir la negatividad y enfocarme en lo positivo.

9. Reconozco mi potencial y confío en mi capacidad para cumplir mis sueños.

10. Soy suficiente tal como soy.

11. Abrazo mi camino único y honro mi individualidad.

12. Estoy comprometido con nutrir mi felicidad y mi bienestar.

13. Atraigo energía positiva y oportunidades inspiradoras.

14. Aprendo de los desafíos y los convierto en pasos hacia mi crecimiento.

15. Celebro mi progreso y reconozco mis logros, sin importar cuán pequeños sean.

Prácticas de amabilidad hacia uno mismo

La amabilidad hacia uno mismo consiste en tratarte con el mismo cuidado y comprensión que ofrecerías a un amigo. Una de las mejores formas de practicarla es incorporando actividades a tu rutina diaria que te brinden alegría, relajación y tranquilidad. Ya sea leer un libro, caminar en la naturaleza, practicar un pasatiempo o simplemente escuchar tu música favorita, prioriza los momentos que recargan tu energía emocional.

Ser amable contigo mismo también implica aceptar tus imperfecciones y errores sin juicios severos. Es esencial reconocer que ser humano implica altibajos, y nadie está libre de equivocarse. En lugar de enfocarte en los fallos, practica un diálogo interno más suave y el perdón. Esto fortalece tu resiliencia y tu capacidad de acompañarte con cariño y comprensión, incluso en los momentos difíciles.

Práctica de gratitud

La gratitud puede ser una herramienta poderosa para cultivar una mentalidad positiva. Al final de cada día, tómate un momento para reflexionar sobre tres cosas por las que te sientas agradecido. No tienen que ser grandes acontecimientos; también cuentan cosas pequeñas, como una taza de té caliente, una interacción amable o un momento de paz. Enfocarte en la gratitud ayuda a replantear tu perspectiva, animándote a ver la vida desde la apreciación en lugar de la escasez o la autocrítica.

Con el tiempo, practicar la gratitud desarrolla el hábito de notar los aspectos positivos de tu vida, incluso en los días difíciles. Fomenta una perspectiva más compasiva de ti mismo y de tus circunstancias, recordándote que estás acompañado y apoyado tanto por el mundo que te rodea como por ti mismo.

Aquí tienes algunas ideas para fomentar la gratitud:

- **Frasco de gratitud:** Guarda un frasco donde escribas cosas por las que te sientes agradecido y agrega una nota cada vez que ocurra algo positivo. Vuelve a él cuando necesites mejorar tu estado de ánimo.

- **Diario de gratitud:** Escribe entre tres y cinco cosas por las que estés agradecido cada día. Enfócate en momentos grandes y pequeños.

- **Carta de gratitud:** Escribe una carta a alguien que haya tenido un impacto positivo en tu vida. Exprésale tu agradecimiento y reconocimiento por su influencia.

- **Compartir gratitud:** Comparte cada día algo por lo que te sientas agradecido con un amigo o familiar. Fortalece la conexión y refuerza el pensamiento positivo.

ACTIVIDAD: CARTA DE GRATITUD

Piensa en alguien en tu vida que haya marcado la diferencia—quizá un amigo que siempre te apoya, un profesor que creyó en ti, un familiar que te acompaña o incluso alguien que te mostró amabilidad justo cuando más la necesitabas.

Ahora, escribe una carta para expresar tu gratitud. Aquí tienes algunas ideas que puedes incluir:

- Comienza con un saludo cálido y explícales por qué les estás escribiendo.
- Menciona un momento específico en el que te ayudaron, motivaron o inspiraron.
- Describe cómo impactaron sus acciones en tu vida:
  - ☐ ¿Mejoraron tu día?
  - ☐ ¿Aumentaron tu confianza?
  - ☐ ¿Te ayudaron a superar un momento difícil?
- Hazles saber lo que significan para ti y por qué agradeces tenerlos en tu vida.
- Finaliza con un mensaje de agradecimiento y amabilidad. Puedes desearles lo mejor, ofrecer tu apoyo o simplemente expresar cuánto los valoras.

_____

_____

_____

_____

_____

_____

_____

Pausas de autocompasión

A lo largo del día, toma descansos intencionales para conectar contigo mismo. Estas «pausas de autocompasión» son momentos en los que te detienes, respiras profundamente y evalúas cómo te sientes. Durante estos instantes, reconoce cualquier malestar emocional sin juzgarlo. En lugar de ignorarlo o criticarte por sentirte mal, trátate con compasión. Recuérdate que está bien atravesar dificultades y que no necesitas ser perfecto para merecer amor y cuidado.

Estas pausas pueden ser tan simples como salir a tomar aire fresco, dar un paseo corto o practicar ejercicios de respiración profunda. Con el tiempo, estos momentos ayudan a crear un hábito de autocuidado que facilita manejar el estrés y el malestar emocional.

Establecer límites con compasión

Practicar la autocompasión también implica establecer límites saludables para proteger tu bienestar emocional. Esto significa reconocer cuándo necesitas decir que no o limitar tu participación en situaciones que agotan tu energía. Establecer límites no es un acto egoísta; es reconocer que tu bienestar importa y que mereces tener espacio para recargar energías.

Cuando comuniques tus límites, hazlo con amabilidad y claridad. Esto te permite cuidar tus propias necesidades mientras respetas las expectativas de los demás. Practicar el establecimiento de límites con compasión fomenta relaciones más saludables, tanto contigo mismo como con los demás. Este tema se abordará más a fondo en el Capítulo 6.

Sistema de apoyo y conexión

Construir un sistema de apoyo sólido, que incluya amigos, familiares o mentores, es otro aspecto importante de la autocompasión. Es fundamental rodearte de personas que te impulsen, validen tus emociones y apoyen tu crecimiento. Conectar con otros te recuerda que no estás solo en tus experiencias y te brinda oportunidades para compartir vulnerabilidades y ofrecer apoyo en retorno.

Haz el hábito de acercarte a tu red de apoyo, ya sea para pedir consejo, buscar consuelo o simplemente conversar. Las conexiones saludables te recuerdan que ser amable contigo mismo no significa hacerlo todo solo; se trata de abrazar la comunidad y permitirte recibir apoyo.

Incorporar estas prácticas en tu rutina no se trata de alcanzar la perfección; se trata de construir una relación compasiva y nutritiva contigo mismo. Mientras más te comprometas con estos pequeños pasos, más notarás un cambio en cómo te percibes y te tratas. Con paciencia, la autocompasión se vuelve una respuesta natural, brindándote la fortaleza emocional y la serenidad necesarias para enfrentar los retos y triunfos de la vida. Este enfoque fomenta una sensación de calma interior y aceptación, y te capacita para enfrentar los desafíos con gentileza y seguridad.

Después de explorar el impacto de las expectativas sociales, es momento de analizar la influencia de la presión de grupo en nuestro camino hacia la autoaceptación. La dinámica de las relaciones con los pares a menudo moldea nuestras decisiones, nuestra autoimagen y nuestros límites, lo que hace esencial comprender cómo estas interacciones afectan nuestro sentido de identidad. El Capítulo 6, «Cómo navegar la presión de grupo», ofrece estrategias prácticas para mejorar la comunicación, desarrollar la asertividad y fomentar relaciones positivas. También aborda cómo reconocer y manejar influencias negativas, capacitándote para crear un entorno social de apoyo que se alinee con tus valores y promueva un crecimiento auténtico.

PUNTOS CLAVE

- Abrazar la autoaceptación implica reflexionar sobre cómo las expectativas sociales moldean la manera en que nos vemos, a menudo presionándonos a encajar en ideas limitadas de belleza, éxito y valor.

- Liberarse de las presiones sociales requiere reconocer y cuestionar estos estándares poco realistas para priorizar la autenticidad en lugar de buscar aprobación externa.

- Los padres y educadores desempeñan un papel fundamental al ayudar a los jóvenes a comprender su valor, guiándolos a definir el éxito y la belleza según sus propios criterios y no según los de la sociedad.

- Definir por nosotros mismos lo que significan el éxito y la belleza fortalece la autoaceptación y genera una satisfacción interna al enfocarnos en lo que realmente importa: las metas personales y las conexiones significativas.

- Construir confianza a través de afirmaciones positivas, reconocer nuestras fortalezas y celebrar nuestros logros refuerza la creencia de que nuestro valor es inherente.

- El apoyo de una comunidad —ya sean amigos, pares o mentores— ofrece consuelo, sentido de pertenencia y experiencias compartidas que fortalecen la autoaceptación.

- Abrazar la positividad corporal nos anima a amar nuestra singularidad, desafiar los estándares tradicionales de belleza y recordar que la belleza es diferente para cada persona.

- Practicar la autocompasión significa tratarnos con amabilidad en los momentos difíciles, establecer límites saludables y rodearnos de un círculo de apoyo que cuide nuestro bienestar emocional.

CAPÍTULO 6

Navegar la presión de grupo

El verdadero empoderamiento surge cuando
priorizamos nuestros valores, dejando
atrás la presión por encajar y permitiendo
que nuestro yo auténtico florezca.

Navegar la presión de grupo es un camino que todos recorremos, especialmente durante los años formativos de la adolescencia y la adultez temprana. La presión de los pares puede surgir en distintos entornos, desde los pasillos de la escuela hasta los círculos sociales en línea, cada uno presentando desafíos únicos que ponen a prueba nuestra capacidad para mantenernos auténticos ante influencias externas. Es un momento en el que el impulso de encajar suele chocar con nuestras creencias más profundas, volviendo compleja y esencial la tarea de manejar estas presiones. Reconocer las formas sutiles en que la influencia de los demás afecta la toma de decisiones y la identidad personal es clave para aprender a enfrentar estas situaciones de manera efectiva. Sin embargo, bajo este desafío también se encuentra una oportunidad para el crecimiento y la resiliencia, ayudándonos a fortalecer nuestra voz interior y nuestro sentido de identidad incluso cuando estamos rodeados de perspectivas y expectativas diversas.

ESTRATEGIAS DE COMUNICACIÓN

Expresar pensamientos y emociones con calma y asertividad es fundamental para manejar la presión de grupo. Las habilidades de comunicación efectiva brindan a las personas la capacidad de compartir sus experiencias de forma clara, evitando conflictos y malentendidos. En esta sección, exploraremos diversas estrategias y ofreceremos orientación práctica para jóvenes, padres, educadores y profesionales del bienestar.

La escucha activa es esencial para una comunicación exitosa. Implica involucrarse por completo con la persona que habla; al escuchar activamente, no solo atiendes las palabras, sino también las emociones, intenciones y el significado detrás de ellas. Este enfoque permite elaborar respuestas reflexivas en lugar de reacciones impulsivas. Por ejemplo, mantener contacto visual y asentir ocasionalmente demuestra que realmente estás presente en la conversación. Ofrecer afirmaciones verbales como «Entiendo lo que dices» o «Tiene sentido» también refuerza esta conexión, creando un espacio donde ambas partes se sienten escuchadas y valoradas (Robinson et al., 2025). Profundizaremos en la escucha activa en el Capítulo 9.

Usar declaraciones en primera persona es otra técnica eficaz que favorece la comunicación honesta y reduce la sensación de culpa. Frases como «Me siento preocupado cuando…» permiten expresar experiencias personales sin sonar acusatorios. Este enfoque promueve conversaciones abiertas y no defensivas, alentando un diálogo constructivo. Ayuda a explicar cómo ciertas acciones afectan de manera personal, creando espacio para la empatía y la comprensión. Por ejemplo, en lugar de decir «Nunca me escuchas», lo cual puede generar defensividad, podrías decir «Me siento ignorado cuando no se toman en cuenta mis sugerencias». Este pequeño cambio en el lenguaje puede mejorar notablemente la comunicación y generar intercambios más significativos (Stef, 2023).

Practicar la asertividad es clave para mantener las propias creencias y límites mientras se interactúa con respeto hacia los demás. Ser asertivo significa expresar tus necesidades y deseos con claridad y confianza, sin desestimar ni infringir los derechos de otros.

Técnicas como el mapa de empatías permiten comprender tanto tu propia perspectiva como las emociones, necesidades y preocupaciones de otras personas. Por ejemplo, imagina que necesitas decirle a un compañero de trabajo que sus interrupciones frecuentes en las reuniones dificultan que puedas participar. Antes de abordar el tema, elaboras un mapa de empatía:

- **Pensar:** ¿Qué podría creer tu colega sobre su comportamiento? Quizá piense que sus interrupciones demuestran entusiasmo o conocimiento.

- **Sentir:** Puede sentirse poco valorado si percibe que sus aportes no se toman en cuenta.

- **Decir:** Podría reaccionar con actitud defensiva si se le aborda de manera demasiado directa.

- **Hacer:** Podría volver a interrumpir sin darse cuenta del impacto que tiene.

Con este mapa de empatía, puedes elaborar una respuesta que reconozca sus intenciones mientras expresas tus necesidades. Podrías decir: «*Aprecio tu entusiasmo durante las reuniones, pero he notado que cuando interrumpes, me cuesta compartir mi perspectiva. Me gustaría que ambos tengamos la oportunidad de contribuir*». Este método te ayuda a expresar cómo te sientes, considerando al mismo tiempo los pensamientos de tu compañero, lo que genera resultados positivos para todos.

Cuando se trata de garantizar que nuestros mensajes se interpreten con precisión, la importancia de la comunicación no verbal no puede subestimarse. El lenguaje corporal, las expresiones faciales y otras señales no verbales pueden comunicar incluso más que las palabras. Gestos positivos como mantener una postura abierta, sostener el contacto visual y sonreír pueden reforzar el mensaje y generar confianza. En cambio, señales negativas como cruzar los brazos, evitar la mirada o realizar movimientos agresivos pueden debilitar lo que intentamos comunicar y generar confusión. Por ejemplo, si alguien dice que está abierto a recibir comentarios pero su lenguaje corporal refleja lo contrario, puede parecer poco sincero. Ser consciente de estas señales y gestionarlas adecuadamente mejora de forma significativa la comunicación y contribuye a relaciones más sólidas y positivas (Stef, 2023).

Aplicar estas técnicas en conversaciones cotidianas permite manejar la presión de grupo de manera más eficaz. Ya sea con amigos, familiares o educadores, emplear la escucha activa, usar declaraciones en primera persona, practicar la asertividad y dominar la comunicación no verbal abre caminos para resolver malentendidos y fortalecer las conexiones. Estas habilidades son esenciales para resistir influencias negativas y construir relaciones significativas y de apoyo que respeten las ideas y perspectivas de cada persona.

DESARROLLAR LA ASERTIVIDAD

La capacidad de expresar emociones y defender las propias necesidades es esencial para manejar eficazmente la influencia de los pares. Reconocer los derechos personales dentro de los contextos sociales es el primer paso hacia este empoderamiento. Entender que todos tienen derecho a expresar sus pensamientos y emociones sin ser juzgados o menospreciados puede resultar profundamente liberador. Esta sensación de legitimidad respecto a los propios sentimientos ayuda a las personas a mantenerse firmes en su identidad y conservar la confianza cuando enfrentan opiniones contrarias de sus pares.

Comprender los derechos en los contextos sociales

Una parte fundamental de comprender tus derechos consiste en identificar dónde se cruzan con los de los demás. Los entornos sociales a menudo difuminan estos límites, dificultando reconocer cuándo es apropiado afirmarse. Al entender que todas las perspectivas tienen valor, pero ninguna es inherentemente superior, las personas pueden interactuar sin sentirse disminuidas. Es importante apreciar el equilibrio entre defenderse y escuchar, ya que el respeto mutuo fomenta un entorno donde todas las voces pueden ser escuchadas.

El papel de la dramatización

La dramatización (role-playing) ofrece formas prácticas de ensayar cómo manejar la presión de grupo y afirmar tus necesidades personales. Simular situaciones reales en un entorno controlado permite adquirir experiencia valiosa y reducir la ansiedad asociada con estos encuentros. Por ejemplo, practicar cómo rechazar ciertas invitaciones o expresar preferencias personales puede hacer que estas decisiones resulten menos intimidantes en la vida real. La dramatización brinda la oportunidad de experimentar con diferentes respuestas, ayudando a las personas a descubrir qué se siente más auténtico y efectivo para ellas. Imagina un escenario en el que un grupo de amigos presiona a alguien para asistir a una fiesta con la que no se siente cómodo. En un ejercicio de dramatización, la persona practica responder con seguridad: «Gracias por invitarme, pero esta vez no voy a ir». También podría ensayar redirigir la conversación sugiriendo una actividad alternativa, como: «¿Qué tal si nos reunimos otro día y hacemos algo que todos disfrutemos?» Practicar este escenario le permite experimentar con el tono, el lenguaje corporal y la elección de palabras, lo que finalmente fortalece la confianza para afirmar sus necesidades con autenticidad cuando enfrente presiones similares en la vida real.

Establecer límites personales

Establecer límites personales de manera deliberada es vital para protegerse de influencias perjudiciales. Estos límites sirven como una guía de qué comportamientos e interacciones son aceptables, garantizando que las personas no comprometan su autoestima ni su independencia. Establecer límites implica reconocer tus propios límites y comunicarlos con claridad a los demás. Por ejemplo, si un amigo sugiere participar en actividades que entran en conflicto con tus valores personales, expresar incomodidad y establecer límites claros refuerza tu autoestima y demuestra compromiso con tus principios. Establecer límites requiere reflexión y adaptación continuas. A medida que cambian las circunstancias de la vida, también puede cambiar la necesidad de ciertos límites. Revisar y reevaluar regularmente estos límites garantiza que sigan protegiendo tu bienestar mental. Si se mantienen de manera efectiva, se vuelven una herramienta poderosa para nutrir la autonomía y promover una vida equilibrada. Practicar el establecimiento de límites permite a las personas crear espacios donde se sientan seguras y respetadas, lo cual es un componente fundamental del autocuidado y la salud mental.

Comunicar límites de manera eficaz

Por ejemplo, los límites pueden implicar establecer cuánto tiempo estás dispuesto a dedicar a otros o definir cuándo necesitas espacio personal. Frases como «necesito algo de tiempo para mí» o «no puedo ayudarte con eso ahora mismo, pero gracias por preguntar» pueden ser formas claras de expresar esos límites. Los límites también pueden implicar restringir la implicación emocional o financiera en una relación, como decir: «no me siento cómodo hablando de este tema» o «he llegado a mi límite en cuanto a brindarte apoyo financiero». Los límites deben establecerse cuando sientes que tus necesidades están siendo ignoradas o cuando el comportamiento de otros comienza a invadir tu espacio personal, energía o recursos. Por ejemplo, si notas que un amigo pide favores o apoyo emocional repetidamente sin reciprocidad, es importante establecer un límite. Podrías decir: «he notado que he estado dedicando mucho tiempo y energía a esta relación, y necesito una dinámica más equilibrada». De manera similar, si el comportamiento de un amigo empieza a incomodarte, podrías afirmar: «necesito establecer un límite aquí porque siento que se están aprovechando de mí». Identificar cuándo surgen estos patrones y establecer límites en los momentos adecuados es esencial para mantener relaciones saludables y respetuosas mientras proteges tu bienestar.

Manejar los conflictos de manera constructiva

En una sociedad donde las expectativas pueden desafiar la individualidad, es importante manejar los conflictos sin perder de vista tus creencias. Manejar los desacuerdos de manera constructiva es otra habilidad que mejora el pensamiento crítico y la apreciación de opiniones diversas. Abordar los conflictos con una mente abierta fomenta el diálogo en lugar de la confrontación. Esto implica escuchar activamente los puntos de vista opuestos y buscar comprender en lugar de simplemente refutar. Apreciar las diferentes perspectivas que surgen en los desacuerdos garantiza un entorno colaborativo donde las soluciones pueden surgir a través del respeto mutuo.

Desarrollar habilidades de comunicación

Desarrollar habilidades eficaces de comunicación y resolución de conflictos es vital para promover relaciones saludables y mantener el bienestar personal. Esto puede implicar usar técnicas como la escucha activa y la reformulación para asegurar que ambas partes se sientan escuchadas y comprendidas. También es esencial abordar los conflictos con una actitud calmada, centrándose en el problema en lugar de personalizar el desacuerdo. Este enfoque ayuda a minimizar la escalada emocional y fomenta una mayor conciencia de los propios sesgos y suposiciones que pueden influir en tu perspectiva.

Los beneficios de la resolución constructiva de conflictos

La resolución constructiva de conflictos fortalece las habilidades interpersonales y fomenta relaciones más sólidas a lo largo del tiempo. Anima a las personas a abrazar la diversidad, reconociendo que las experiencias y creencias variadas contribuyen a una comprensión más completa del mundo. Gestionar estos debates con éxito fortalece la capacidad de defender las propias creencias mientras se respetan los derechos de los demás.

Apoyar la autoconsciencia y la resiliencia

Crear un entorno que promueva la autoconsciencia y la resiliencia es fundamental para respaldar estas estrategias. Desarrollar un fuerte sentido de autoconsciencia permite a las personas identificar detonantes personales y áreas donde podrían necesitar reforzar su asertividad. Participar en actividades terapéuticas puede revelar motivaciones y miedos subyacentes que dificultan la asertividad, allanando el camino para una comunicación más clara y una mejor defensa personal. La resiliencia trabaja de la mano con la asertividad, proporcionando la fortaleza emocional necesaria para resistir presiones externas. Desarrollar resiliencia implica aprender de los desafíos y verlos como oportunidades de crecimiento en lugar de fracasos. Al centrarse en construir fortaleza interior, las personas se vuelven más capaces de mantenerse firmes frente a influencias externas, lo que, a su vez, aumenta su confianza al afirmarse.

IDENTIFICAR RELACIONES POSITIVAS

A medida que navegamos la presión social y los desafíos de la vida, es esencial reconocer e invertir en relaciones que promuevan el crecimiento personal. Las amistades saludables son una parte esencial del bienestar emocional, construidas sobre el apoyo, el respeto mutuo y la comprensión. Estas amistades ofrecen un espacio seguro para la expresión abierta, libre de juicios, mientras crean un sentido de pertenencia y validación. En esta sección, exploraremos los elementos fundamentales de las amistades saludables y cómo contribuyen tanto al crecimiento individual como al bienestar comunitario.

El papel de las amistades saludables en el crecimiento personal

Las amistades no son solo conexiones sociales; son vitales para el desarrollo personal y la salud emocional. Los amigos que brindan apoyo fomentan las metas de los demás, celebran los logros y ofrecen consuelo en momentos difíciles. Estas amistades ofrecen un espacio para recibir retroalimentación, ayudando a las personas a construir resiliencia y desarrollar estrategias de afrontamiento positivas. Por ejemplo, cuando surgen dudas, un amigo que escucha y anima puede transformar significativamente la forma en que percibes los desafíos, haciéndolos sentir más manejables.

Una amistad saludable prospera gracias al respeto mutuo y a una comprensión genuina. El respeto implica reconocer los límites del otro, incluso cuando las perspectivas difieren. Requiere escuchar activamente y valorar los sentimientos y experiencias de la otra persona. En las amistades saludables, los desacuerdos se resuelven con empatía y apertura, fortaleciendo el vínculo entre amigos. Este respeto mutuo crea un entorno donde las opiniones diversas se valoran y comprenden.

La comprensión va más allá de la escucha activa: implica sintonizar con las emociones y perspectivas del amigo. Esta empatía permite que los amigos ajusten su comportamiento para apoyarse mutuamente, ayudando a reducir el estrés y mejorar el bienestar emocional. Fomentar la comprensión dentro de una amistad promueve un entorno de apoyo y reduce el conflicto.

Características positivas de una amistad saludable

Las amistades desempeñan un papel vital en nuestras vidas, ofreciendo apoyo emocional y fomentando un sentido de pertenencia. Una amistad saludable se caracteriza por varios rasgos clave que nutren la confianza, el respeto y el crecimiento. Estas características garantizan que el vínculo entre amigos se mantenga fuerte y significativo con el paso del tiempo.

- **Apoyo:** Una amistad saludable se basa en el apoyo mutuo, donde los amigos se animan en sus metas y celebran los logros sin celos ni resentimiento.

- **Confianza:** La confianza es fundamental en cualquier amistad sólida. Ambos amigos se sienten seguros al ser abiertos y honestos, sabiendo que sus pensamientos y sentimientos serán respetados.

- **Respeto:** En una amistad saludable, el respeto por los límites, opiniones y decisiones del otro es esencial. Los desacuerdos se manejan con empatía y comprensión, permitiendo que ambos se sientan escuchados.

- **Empatía:** Los amigos en una relación saludable intentan comprender las emociones y perspectivas del otro, ofreciendo consuelo y compasión cuando es necesario.

- **Comunicación:** Una comunicación abierta y clara ayuda a resolver malentendidos y fortalece el vínculo. Los amigos saludables comparten sus sentimientos y escuchan activamente.

- **Diversión y disfrute:** Un rasgo clave de una amistad saludable es disfrutar de la compañía del otro. Ya sea compartiendo una risa o participando juntos en actividades, siempre existe un sentido de alegría.

- **Crecimiento mutuo:** En una amistad saludable, ambos amigos fomentan el desarrollo personal del otro, ofreciendo retroalimentación constructiva y ayudándose a convertirse en mejores versiones de sí mismos.

Estos diversos rasgos se analizan a lo largo de los capítulos de este libro y te guiarán para convertirte en un amigo excepcional y ayudarte a encontrar tranquilidad en tus relaciones.

Evaluar y mantener amistades saludables

Reflexionar regularmente sobre tus relaciones es un paso esencial para mantener amistades saludables. No todas las conexiones aportan positividad a tu vida. Las amistades tóxicas pueden dejarte agotado, ansioso o inseguro. Evaluar la influencia de cada conexión te permite identificar qué amistades fomentan tu desarrollo y cuáles pueden obstaculizarlo. Si una relación aporta negatividad de forma constante, puede ser momento de establecer límites o tomar distancia para proteger tu bienestar.

Rodearte de amigos solidarios y optimistas crea un entorno propicio para el crecimiento personal. Las relaciones saludables inspiran confianza y autoestima, mientras que las tóxicas las erosionan. Reflexionar sobre tus amistades garantiza que mantengas espacio para conexiones que te impulsen y motiven, fortaleciendo tu resiliencia emocional.

Construir una red de apoyo

Construir una red de apoyo implica no solo mantener las amistades actuales, sino también encontrar nuevas conexiones que coincidan con tus valores y metas. Una red sólida te brinda un sentido de pertenencia y refuerza la autoaceptación. Unirte a actividades que reflejen tus intereses—como clubes, voluntariados o eventos comunitarios—te ayuda a conocer personas con valores similares. Estas experiencias compartidas crean una base fuerte para amistades duraderas.

Profundizar las amistades surge de pasar tiempo significativo juntos. Ya sea asistiendo a un evento o teniendo una conversación sencilla, estos momentos construyen confianza y fortalecen el vínculo. Los recuerdos compartidos ayudan a crear una conexión duradera y resiliente.

Equilibrar las conexiones en línea y presenciales

La tecnología facilita mantenerse conectado, pero no debería reemplazar las interacciones cara a cara. Reunirse en persona crea vínculos más fuertes y genuinos, fomentando cercanía y una mejor comprensión. Aunque la comunicación digital ayuda a mantener el contacto, el tiempo presencial profundiza las amistades de formas que las conversaciones en línea no pueden igualar. Encontrar un equilibrio entre la comunicación digital y la presencial es clave para construir amistades duraderas y significativas.

Nutrir y mantener amistades saludables es esencial tanto para el crecimiento personal como para el bienestar emocional. Estas relaciones brindan un apoyo incomparable, ayudando a las personas a mantenerse resilientes frente a los desafíos de la vida. Al invertir tiempo y energía en construir y fortalecer estas conexiones, fomentamos una sensación de plenitud emocional y felicidad duradera.

CÓMO MANEJAR INFLUENCIAS NEGATIVAS

Enfrentar los desafíos de la presión de grupo puede ser abrumador, especialmente para adolescentes y jóvenes adultos que se encuentran en una etapa crucial de formación de identidad. Un aspecto fundamental para manejar estas influencias es identificar comportamientos tóxicos dentro de las amistades. Reconocer estos patrones es esencial, ya que a menudo socavan sutilmente el bienestar personal. Los comportamientos tóxicos pueden manifestarse como negatividad constante, manipulación o falta de apoyo, dejando a la persona con una sensación de agotamiento o malestar después de las interacciones. Es importante prestar atención a cómo te sientes después de pasar tiempo con ciertas personas. Si alguien te hace sentir peor de forma constante, esto podría indicar que la relación es perjudicial.

Reconocer comportamientos tóxicos

Los comportamientos tóxicos pueden ser perjudiciales y emocionalmente agotadores, a menudo pasando desapercibidos hasta que ya han tenido un impacto significativo. Estos comportamientos pueden adoptar muchas formas, desde la negatividad hasta la manipulación, y pueden deteriorar lentamente la calidad de las relaciones, ya sea en el hogar, en la comunidad o en el trabajo.

SEÑALES DE COMPORTAMIENTOS TÓXICOS

Negatividad constante

- ☐ Un enfoque constante en lo que está mal o en lo que podría salir mal, en lugar de buscar soluciones o celebrar los aspectos positivos.
- ☐ Quejas repetidas sobre la vida o sobre los demás sin intención de mejorar o resolver la situación.
- ☐ Este tipo de negatividad puede dejarte agotado, ya que a menudo no permite espacio para el crecimiento, el optimismo o el progreso.

Manipulación

- ☐ Esfuerzos sutiles u obvios para controlar o generar culpa en otros para que hagan cosas que no desean hacer.
- ☐ Manipulación emocional mediante gaslighting (hacer que otros duden de su realidad o percepción) o usando sus vulnerabilidades para crear dependencia.
- ☐ Los comportamientos manipuladores suelen buscar cambiar la dinámica de poder, haciéndote dudar de tus decisiones y dejándote con sentimientos de impotencia o confusión.

Falta de apoyo

- ☐ Un patrón constante de retirar apoyo o empatía cuando más se necesita, lo que puede hacerte sentir solo, sin importancia o poco valorado.

☐ Indiferencia ante tus éxitos, dificultades o necesidades emocionales, a menudo disfrazada como indiferencia o «mano dura».

Impacto de las relaciones negativas

El impacto de este tipo de relaciones negativas en la salud emocional puede ser perjudicial. Pueden generar inseguridad, ansiedad o sentimientos de inutilidad. Por ejemplo, un amigo que menosprecia tus logros o cuestiona constantemente tus decisiones puede erosionar tu autoestima con el tiempo. Esta erosión afecta no solo la felicidad personal, sino también la capacidad de tomar decisiones proactivas en la vida. Una vez que se identifican estas influencias tóxicas, se pueden tomar medidas para minimizar su impacto, lo que nos lleva a hablar sobre la importancia de alejarse de las relaciones dañinas.

ALEJARSE DE LAS RELACIONES DAÑINAS

Este proceso de distanciamiento no significa necesariamente cortar la relación de manera abrupta, a menos que sea absolutamente necesario. En cambio, implica establecer límites que prioricen tu salud mental y emocional. Reducir el contacto de forma gradual o interactuar en entornos grupales en lugar de encuentros individuales ayuda a proteger tu bienestar mientras evalúas el futuro de la amistad. Esta distancia ofrece espacio para el crecimiento personal y la recuperación emocional, permitiéndote reenfocar en los aspectos positivos de tu vida. A medida que creas esta distancia, encontrarás un espacio para respirar, reflexionar e invertir tiempo en actividades y relaciones que fomenten la positividad.

IMPORTANCIA DE LA COMUNICACIÓN ABIERTA

Un paso significativo para mejorar cualquier relación afectada por influencias negativas de los compañeros es la comunicación abierta. Abordar las preocupaciones directamente con los amigos puede generar claridad y entendimiento mutuo. Aunque pueda parecer abrumador, tener conversaciones honestas sobre lo que te molesta crea oportunidades para el cambio y la responsabilidad. Expresar cómo te afectan ciertas acciones o palabras les da a tus amigos la oportunidad de ajustar su comportamiento, promoviendo una conexión más saludable. El diálogo abierto también actúa como una prueba decisiva, ayudándote a determinar si la relación vale la pena nutrirla o si requiere una reevaluación.

FORTALECER LAS AMISTADES A TRAVÉS DE LA COMUNICACIÓN

A menudo, comunicar tus inquietudes fortalecerá tus amistades. Cuando se aborda con respeto y empatía, estas conversaciones pueden resultar en lazos más profundos y un mayor apoyo emocional. Por otro lado, si la respuesta es despectiva o defensiva, puede confirmar la necesidad de liberarte de esas relaciones. Recuerda que los verdaderos amigos apreciarán que expreses tus sentimientos y estarán dispuestos a trabajar hacia el respeto y entendimiento mutuos. El poder de la transparencia y la comunicación genuina no puede subestimarse en la creación de círculos sociales seguros y de apoyo.

BUSCAR INTERACCIONES SOCIALES MÁS SALUDABLES

Al alejarte de influencias negativas, también es importante buscar interacciones sociales más saludables. Encontrar entornos donde prospere la positividad puede introducir nuevas perspectivas y fuentes de motivación. Abrazar la diversidad en tu red social mejora la resiliencia al ofrecer una amplia gama de experiencias y conocimientos. Las amistades saludables contribuyen significativamente al bienestar emocional al ofrecer compañía, tranquilidad y retroalimentación constructiva. Estar rodeado de compañeros que te apoyan ayuda a cambiar el enfoque de las presiones negativas hacia las numerosas posibilidades que brindan las relaciones positivas. Además, estas conexiones sirven como recursos valiosos durante momentos difíciles, proporcionando consuelo y orientación cuando más se necesitan.

TOMAR DECISIONES DELIBERADAS SOBRE LOS CÍRCULOS SOCIALES

Entender que manejar la presión de grupo implica tomar decisiones deliberadas sobre con quién te relacionas es fundamental. Elegir estar cerca de personas que te inspiran y apoyan, mientras te distancias de quienes agotan tu energía, construye relaciones significativas que enriquecen tu desarrollo personal y satisfacción. Este proceso requiere una autoevaluación continua para identificar las amistades que contribuyen positivamente a tu crecimiento y aquellas que pueden obstaculizarlo. Evaluar regularmente tus redes sociales garantiza que estén alineadas con tus aspiraciones y principios, sentando las bases para una vida más auténtica y gratificante.

PRIORIZAR TUS VALORES

Recuerda, la presión de grupo no se trata de evitar situaciones difíciles; se trata de celebrar tu singularidad y tomar decisiones que reflejen tus principios fundamentales. Abrazar quién eres te permite resistir las expectativas externas y mantenerte firme en tus creencias. En un mundo lleno de influencias, es esencial priorizar tus valores, asegurándote de que cada elección que hagas resuene con tu verdadero ser. Este enfoque intencional te empodera para enfrentar los desafíos de manera directa mientras permaneces auténtico.

PASOS PARA ESTABLECER LÍMITES CON TUS AMIGOS

Identifica los límites que necesitas

Antes de establecer límites, tómate un momento para reflexionar sobre lo que te incomoda o agota tu energía. Los límites pueden relacionarse con el tiempo, las emociones, la comunicación o el comportamiento.

Pregúntate:

- ¿Qué comportamientos específicos me hacen sentir incómodo, irrespetado o abrumado?
- ¿En qué aspectos esta amistad se siente desequilibrada?
- ¿Me he sentido obligado a decir «sí» cuando en realidad quería decir «no»?
- ¿Me siento agotado o irrespetado después de pasar tiempo con esta persona?

Tipos comunes de límites en las amistades:

- **Límites de tiempo:** limitar cuánto tiempo pasas con alguien para que tengas espacio para ti mismo
- **Límites emocionales:** no cargar con todos sus problemas ni sentirte responsable de sus emociones
- **Límites de comunicación:** elegir cuándo y con qué frecuencia participar en conversaciones, especialmente sobre temas pesados o negativos
- **Límites de comportamiento:** abordar acciones que te incomodan, como chismes, actitudes controladoras o críticas constantes

Ejemplos de situaciones y límites

- **Situación:** Tu amigo llama constantemente tarde en la noche y altera tu descanso.
- **Límite:** «Necesito estar en la cama a las 22:00, así que no responderé llamadas después de esa hora».

- **Situación:** Tu amigo desahoga sus problemas contigo pero nunca pregunta cómo estás tú.
- **Límite:** «Me importas, pero también necesito espacio para compartir mis pensamientos. ¿Podemos equilibrar un poco más nuestras conversaciones?»

- **Situación:** Tu amigo te presiona para hacer actividades que no disfrutas.
- **Límite:** «Aprecio la invitación, pero no me siento cómodo haciendo eso. Busquemos algo que ambos disfrutemos».

Comunica tus límites con claridad

Una vez que hayas identificado los límites que necesitas, comunícalos con honestidad y confianza. No asumas que tu amigo sabe que está cruzando una línea; sé claro y directo.

CÓMO COMUNICAR LOS LÍMITES DE MANERA EFECTIVA

- Sé asertivo, no agresivo. Usa un lenguaje calmado y respetuoso.
- Usa declaraciones en primera persona para expresar tus necesidades sin culpar al otro.

  Ejemplo: En lugar de decir «Nunca me escuchas», di «Me siento ignorado cuando nuestras conversaciones se centran solo en tus preocupaciones».

- Sé específico sobre lo que necesitas.

  Ejemplo: «Necesito más tiempo personal los fines de semana, así que no siempre estaré disponible para salir».

Qué no hacer:

- No te disculpes por establecer límites («Lo siento, pero necesito espacio»).
- No hagas que tus límites parezcan opcionales («Creo que quizá necesito espacio...»).
- No permitas que la culpa anule tus necesidades.

Mantente firme y respeta tus propios límites

Es común que las personas pongan a prueba los límites, especialmente si están acostumbradas a tener acceso ilimitado a tu tiempo y energía. Si un amigo ignora tu límite, es importante reforzarlo de manera consistente.

QUÉ HACER SI INSISTEN O SE OPONEN

- **Si ignoran tu límite:**Recuérdalo con calma: «Mencioné que no puedo hablar tarde en la noche. Mejor pongámonos al día más temprano».
- **Si intentan hacerte sentir culpable:**Mantente firme: «Entiendo que estés molesto, pero también necesito cuidar de mi bienestar».
- **Si intentan manipularte:**Reconoce el comportamiento tóxico y considera tomar distancia.

Señales de alerta que indican falta de respeto por tus límites:

- Intentan manipularte emocionalmente para que hagas cosas que no quieres hacer.
- Actúan como si tu tiempo y tu energía les pertenecieran.
- Ignoran repetidamente tus solicitudes, incluso después de varios recordatorios.
- Te hacen sentir mal por darte prioridad a ti mismo.

Quienes realmente respetan y valoran tu amistad honrarán tus límites, incluso si necesitan tiempo para adaptarse.

Ajusta y reevalúa cuando sea necesario

Los límites no son permanentes. A medida que la amistad evoluciona, puede que necesites ajustarlos. Revisa regularmente cómo te sientes para asegurarte de que tus necesidades estén siendo atendidas.

SEÑALES DE QUE TUS LÍMITES NECESITAN AJUSTES

- Aún te sientes agotado o incómodo a pesar de haber establecido límites.
- Tu amigo sigue ignorando tus necesidades.
- Sientes culpa o ansiedad por mantener tus límites.

Qué hacer si tu amigo respeta tus límites:

- Reconoce su esfuerzo y agradécelo: «Aprecio mucho que entiendas mi necesidad de espacio. Significa mucho para mí».
- Mantente abierto a compromisos siempre que respeten tu comodidad.

Saber cuándo alejarse

Si un amigo continúa irrespetando tus límites y te hace sentir poco valorado, quizá sea momento de reconsiderar la amistad. Una relación unilateral que ignora tu bienestar no vale la pena mantenerla.

CUÁNDO TERMINAR LA AMISTAD

- Tus límites se ignoran repetidamente, incluso después de comunicarte con claridad.
- La amistad te hace sentir agotado o ansioso de manera constante.
- Te manipulan, te generan culpa o te faltan al respeto cuando intentas hacer valer tus límites.
- Sientes que caminas sobre cáscaras de huevo cuando estás con esa persona.

Cómo terminarla de manera respetuosa (si es necesario):

- **Distánciate gradualmente:** Reduce el tiempo que pasas con esa persona y disminuye el contacto constante.
- **Ten una conversación directa:** Si es necesario, exprésale por qué te estás alejando.
- **Corta el contacto si es preciso:** Si la relación es tóxica o abusiva, cortar vínculos por completo es una opción.

Terminar una amistad no refleja nada negativo sobre ti; demuestra un compromiso con el autorrespeto. Establecer límites con los amigos no se trata de excluir, sino de cultivar conexiones más saludables y equilibradas. Los límites protegen tu bienestar emocional y fomentan relaciones basadas en el respeto mutuo. Las amistades genuinas perdurarán y crecerán a través del proceso de marcar límites, mientras que las que se debiliten pueden señalar problemas subyacentes que requieren atención. Recuerda que tu responsabilidad es honrar tus necesidades, no gestionar cómo reaccionan los demás ante tus límites.

PREGUNTAS PARA EVALUAR SI TU AMISTAD ES UNA INFLUENCIA POSITIVA O NEGATIVA PARA TI

¿Me siento con energía y motivado por mi amigo o grupo de amigos? ¿Suelo salir sintiéndome fatigado o desanimado después de pasar tiempo con ellos?

_____

_____

_____

_____

_____

_____

_____

Esta pregunta explora la energía emocional de la amistad. Las amistades positivas deben dejarte sintiéndote apoyado, motivado y animado, mientras que las negativas pueden generar agotamiento, desaliento o desgaste emocional. Revela si tu amigo contribuye a tu bienestar o si la relación está afectando tu salud mental.

Si te sientes agotado o desanimado:

- Observa cómo te sientes después de pasar tiempo con ese amigo. ¿Sales inspirado y valorado o exhausto y emocionalmente drenado?
- Si constantemente te sientes agotado, reflexiona sobre si su conducta es negativa, crítica o despectiva.
- Considera limitar las interacciones y pasar más tiempo con personas que te apoyen y te eleven.
- Si deseas salvar la amistad, ten una conversación honesta sobre cómo su comportamiento te afecta.

¿Este amigo impulsa mi crecimiento personal y éxito?
¿Mis amigos socavan mis metas y sueños?

_____

_____

_____

_____

_____

_____

_____

Esta pregunta analiza la reacción de tu amigo ante tus metas y logros. Una amistad sana te animará a ser ambicioso, celebrará tus victorias y apoyará tu crecimiento. Si un amigo minimiza tus sueños, trivializa tus logros o pasa por alto tu potencial, esto indica una relación dañina o poco solidaria que podría frenar tu desarrollo personal.

Si socavan tus metas:

- Observa si desestiman tus logros, minimizan tus metas o te hacen sentir ingenuo por aspirar alto.
- Pregúntate si su negatividad proviene de sus propias inseguridades o celos.
- Comparte tus aspiraciones con otros amigos que celebren sinceramente tu éxito.
- Si la negatividad persiste, toma distancia y rodéate de personas que realmente quieran verte crecer.

¿Cómo reacciona este amigo cuando comparto mis logros o desafíos con él/ella?

_____

_____

_____

_____

_____

_____

Esta pregunta revela si tu amigo realmente se interesa por tu bienestar. Un amigo solidario celebrará tus victorias con alegría y te brindará consuelo o empatía cuando enfrentes dificultades. Por otro lado, si reacciona con indiferencia, celos o críticas, indica que puede no tener tus mejores intereses en mente y podría no ser una influencia positiva en tu vida.

Si reaccionan negativamente (celos, indiferencia o críticas):

- Presta atención a su tono y lenguaje corporal cuando compartes buenas noticias.
- Si con frecuencia desestiman o minimizan tus éxitos, puede ser una señal de que no se alegran realmente por ti.
- Si convierten todo en algo sobre ellos cuando expresas tus dificultades, puede que no estén disponibles emocionalmente para apoyarte.
- Considera tener una conversación sincera sobre cómo te hacen sentir sus reacciones y observa si su comportamiento cambia.

¿Esta amistad contribuye positivamente a mi bienestar mental y emocional?

_____

_____

_____

_____

_____

_____

Esta pregunta revela el impacto emocional que la amistad tiene en tu salud mental. Las amistades deben ayudar a aliviar el estrés y fomentar sentimientos positivos, pero si una amistad es constantemente una fuente de tensión, ansiedad o desgaste emocional, podría perjudicar tu bienestar. Te obliga a examinar si la relación te brinda paz o si contribuye a un malestar emocional innecesario.

Si no (te causa estrés y ansiedad):

- Reflexiona si tu estrés proviene de conflictos, críticas o de sentirte poco valorado.
- Si su presencia te causa estrés más que alegría, quizá sea momento de alejarte.
- Una amistad sana debe ofrecer consuelo y seguridad, no agotamiento emocional.
- Establece límites, reduce las interacciones y busca amistades que nutran tu bienestar.

¿Mantienes una comunicación abierta y honesta con tus amistades?

_____

_____

_____

_____

_____

_____

La comunicación efectiva es la base de amistades sólidas. Esta pregunta te permite evaluar si la relación se sustenta en confianza y conversaciones sinceras. Si te cuesta hablar de temas importantes por ansiedad o incomodidad, indica falta de sinceridad y apertura, lo que impide desarrollar un vínculo más profundo y auténtico.

Si no (sientes que caminas sobre cáscaras de huevo):

- Pregúntate por qué: ¿reaccionan mal ante críticas constructivas o conversaciones serias?
- Si sientes que siempre debes filtrar tus palabras para no molestarlos, esto podría indicar una dinámica poco saludable.
- Un verdadero amigo debe estar dispuesto a hablar de los problemas y resolverlos juntos.
- Si la amistad carece de comunicación honesta, considera abordar el problema directamente o evaluar si vale la pena mantenerla.

¿Me siento valorado y respetado en esta amistad?

_____

_____

_____

_____

_____

_____

_____

Esta pregunta te ayuda a evaluar si tus sentimientos, necesidades y límites son respetados dentro de la amistad. Sentirte valorado y respetado es una señal de una relación sana; sentirte ignorado o poco importante indica que la amistad podría ser unilateral o no basarse en el respeto mutuo. La falta de respeto suele generar daño emocional y desequilibrio en la relación.

Si no (te sientes ignorado):

- Identifica si tus opiniones, sentimientos o límites son ignorados con frecuencia.
- Si sientes que tu presencia no importa para ellos, quizá sea momento de tomar distancia.
- El respeto es una parte innegociable de cualquier relación significativa; si falta, la amistad puede no estar aportando a tu vida.
- Expresa tus inquietudes y observa su reacción: ¿se esfuerzan por mejorar o continúan ignorándote?

¿Siento que soy la única persona que pone esfuerzo en esta amistad?

_____

_____

_____

_____

_____

_____

Las amistades saludables son recíprocas, con ambas partes contribuyendo a la relación. Si siempre eres tú quien toma la iniciativa, hace planes o brinda apoyo sin recibir el mismo nivel de esfuerzo a cambio, puede resultar agotador y unilateral. Esta pregunta te ayuda a evaluar si la amistad es equilibrada o si estás cargando con la mayor parte del trabajo emocional.

Si sientes que es una amistad unilateral:

- Deja de iniciar el contacto por un tiempo y observa si ellos se acercan.
- Si siempre eres tú quien hace planes, pregunta cómo están o ofrece apoyo sin recibir lo mismo de vuelta, la amistad puede estar desequilibrada.
- Considera hablar del tema directamente con tu amigo.
- Si no cambian ni muestran aprecio por tu esfuerzo, redirige tu energía hacia relaciones que sí te valoren.

¿Sientes que debes cambiar quién eres para encajar en tu grupo de amigos?

_____

_____

_____

_____

_____

_____

_____

La autenticidad es clave en las amistades genuinas. Esta pregunta revela si te sientes aceptado y libre de ser tú mismo o si sientes presión de cambiar tu comportamiento, valores o personalidad para ajustarte a sus expectativas. Un buen amigo debe animarte a ser quien eres, no hacerte sentir que necesitas modificarte para obtener su aprobación.

Si sientes que debes cambiar quién eres frente a tus amigos:

- Pregúntate por qué: ¿son críticos, juzgan o desestiman ciertos aspectos de tu personalidad?
- Las amistades deben sentirse seguras y permitirte expresarte sin miedo.
- Si ajustas tu personalidad constantemente para cumplir sus expectativas, quizá la amistad no sea auténtica.
- Busca relaciones en las que te acepten tal como eres.

¿Este amigo respeta mis límites?
¿Me presiona con frecuencia para hacer cosas que me incomodan?

Respetar los límites es esencial en cualquier relación saludable. Esta pregunta muestra si tu amigo reconoce y respeta tus límites personales o si te empuja hacia situaciones que te resultan incómodas. Los amigos que respetan tus límites ayudan a preservar tu sensación de seguridad y confianza; quienes no lo hacen pueden generar incomodidad y resentimiento.

Si con frecuencia sobrepasan tus límites:

- Reafirma tus límites con firmeza y observa su reacción.
- Un verdadero amigo respetará tu zona de confort; uno tóxico puede seguir presionando o haciéndote sentir culpable.
- Si ignoran tus límites repetidamente, es una señal de que no te respetan.
- Limita las interacciones con personas que desestiman tus necesidades y valores personales.

¿Cómo me hace sentir este amigo a largo plazo: más seguro y confiado, o más inseguro y lleno de dudas?

_____

_____

_____

_____

_____

_____

Esta es una reflexión sobre los efectos a largo plazo de la amistad en tu autoestima. Una amistad positiva debe fortalecer tu confianza y tu sentido de valía. Si un amigo te hace sentir inseguro, lleno de dudas o inferior, es una señal de que la relación no es saludable. Las amistades que afectan tu autoestima pueden minar tu seguridad y limitar tu crecimiento personal.

Si te hacen sentir inseguro:

- Observa si sus palabras o acciones contribuyen a tus dudas.
- Si constantemente te critican, comparan o hacen sentir insuficiente, probablemente están dañando tu autoestima.
- Rodéate de personas que te impulsen y te empoderen, no de quienes te hagan sentir menos.
- Si no son conscientes del impacto, considera expresar cómo te sientes y observa si están dispuestos a cambiar.

En el próximo capítulo exploraremos técnicas de respiración consciente, posturas de yoga para aliviar el estrés y cómo incorporar la atención plena en la vida diaria. Estas prácticas ofrecen herramientas eficaces para manejar el estrés, mejorar el bienestar emocional y aumentar la claridad mental. Te permitirán afrontar los desafíos de la vida con mayor serenidad y fortaleza.

PUNTOS CLAVE

- Enfrentar la presión de grupo es un desafío común en la adolescencia y la adultez temprana, cuando las influencias externas ponen a prueba la autenticidad personal.

- Técnicas de comunicación eficaces, como la escucha activa, el uso de declaraciones en primera persona («yo») y la asertividad, ayudan a expresar pensamientos y necesidades con claridad mientras se maneja la presión de grupo.

- Desarrollar la asertividad implica reconocer los propios derechos y expresar emociones en contextos sociales, fortaleciendo la capacidad de defenderse respetando a los demás.

- Practicar la resolución de conflictos y valorar puntos de vista diversos fomenta relaciones saludables y conversaciones constructivas en lugar de confrontaciones.

- Identificar relaciones positivas es esencial para el crecimiento personal; las amistades que brindan apoyo, respeto y comprensión fortalecen el bienestar emocional.

- Reconocer conductas tóxicas como la manipulación o la negatividad ayuda a evaluar las amistades y proteger la salud mental de influencias dañinas.

- Establecer y comunicar límites es clave para mantener amistades saludables, resguardar el bienestar emocional y asegurar el respeto mutuo.

- Reevaluar periódicamente las amistades permite fortalecer los vínculos positivos y distanciarse de influencias negativas, creando un entorno que apoye el crecimiento personal y la autoaceptación.

RESPIRA. SUELTA. RESTAURA.

7 DÍAS PARA LA LIBERTAD EMOCIONAL

Tienes acceso GRATIS a una experiencia
guiada en video de 7 días, creada para
ayudarte a calmar tu mente, resetear tu
energía y sentirte más ligero cada día.

El Capítulo 7 desglosa los ejercicios de
respiración y los movimientos de yoga que
usarás a lo largo de todo tu proceso.

Para avanzar más rápido,
lee la visión general completa en el capítulo 7.
Luego, escanea el código QR a continuación
o visita **www.BreatheReleaseRestore.com**
para comenzar tu reset de 7 días.

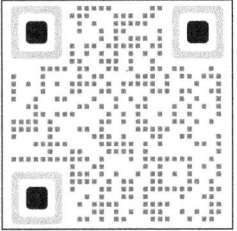

Mira **UN video al día** y luego vuelve a los capítulos
anteriores para asimilar qué has aprendido
mediante la reflexión y la práctica reales.

RESPIRA. SUELTA. RESTAURA.

CAPÍTULO 7

Gestión del estrés con ejercicios de atención plena

En el mosaico que es la vida, las cosas que hacemos para aliviar el estrés son como fragmentos vibrantes que suman a la obra maestra del equilibrio emocional y la paz interior

Gestionar el estrés es esencial en el mundo acelerado de hoy, y la atención plena puede ser tu herramienta más poderosa. En este capítulo descubrirás técnicas prácticas de atención plena que te ayudarán a navegar tu escenario emocional con mayor facilidad. Comencemos con una de las prácticas más simples y a la vez más impactantes: la respiración consciente. Respirar no es solo una función biológica; es una vía directa para anclarte en el momento presente. Dominar técnicas de respiración consciente crea una sensación de calma sin importar cuán caótica se vuelva la vida.

TÉCNICAS DE RESPIRACIÓN CONSCIENTE

La respiración es una herramienta poderosa y a menudo subestimada en la gestión del estrés. Al emplear distintas técnicas de respiración, puedes generar una sensación de calma y presencia, aliviando el estrés y la ansiedad. En esta sección exploramos varias prácticas de respiración eficaces diseñadas para ayudarte a mantenerte en el momento presente y gestionar el estrés. Estos ejercicios pueden realizarse en diversos lugares; sin embargo, se recomienda practicarlos en espacios tranquilos y abiertos, con mínimas distracciones auditivas.

Respiración diafragmática profunda

A diferencia de la respiración superficial del pecho, la respiración diafragmática profunda activa el diafragma, permitiendo que los pulmones se llenen por completo y promoviendo la relajación. Esta técnica reduce la frecuencia cardíaca, disminuye la tensión y te ayuda a sentirte más centrado.

CÓMO PRACTICARLA

1. Siéntate cómodamente y coloca una mano sobre el abdomen.
2. Inhala profundamente por la nariz, permitiendo que el abdomen se expanda.
3. Exhala lentamente, sintiendo cómo el abdomen se contrae.
4. Repite este proceso, concentrándote en el ritmo lento y deliberado de cada respiración.

La práctica regular de la respiración diafragmática profunda mejora la conciencia corporal y puede conducir a un estado más calmado y centrado, ayudando a gestionar la ansiedad y a mejorar el bienestar emocional.

Respiración en caja

La respiración en caja es una técnica estructurada que utiliza tiempos iguales para inhalar, mantener, exhalar y pausar. Este método es especialmente útil para principiantes y puede adaptarse fácilmente a diversas situaciones, como reuniones estresantes o momentos de ansiedad.

CÓMO PRACTICARLA

1. Inhala por la nariz contando hasta cuatro.
2. Retén el aire contando hasta cuatro.
3. Exhala lentamente por la boca contando hasta cuatro.
4. Mantén la exhalación contando hasta cuatro.
5. Repite la secuencia varias veces.

Imagina que estás a punto de dar una presentación y te sientes nervioso. En lugar de permitir que la ansiedad te domine, decides usar la respiración en caja para calmar tu mente y concentrarte.

Tomas un momento para sentarte en silencio y comienzas inhalando profundamente por la nariz contando hasta cuatro. Luego mantienes la respiración contando hasta cuatro, permitiéndote sentirte centrado. Exhalas lentamente por la boca contando hasta cuatro, liberando cualquier tensión. Finalmente, mantienes la exhalación contando hasta cuatro.

Después de repetir esta secuencia varias veces, notas que tu frecuencia cardíaca disminuye y te sientes más presente. Tu mente está más clara y estás mejor preparado para enfrentar la presentación con una actitud calmada y concentrada. La respiración en caja te ha ayudado a recuperar el control del estrés, convirtiendo un momento potencialmente abrumador en una oportunidad de calma y claridad.

Respiración con suspiro

Un método eficaz para aliviar el estrés acumulado con solo unas cuantas respiraciones profundas.

CÓMO PRACTICARLA

1. Inhala profundamente por la nariz.
2. Exhala con un suspiro audible.
3. Repite de tres a cuatro veces, permitiendo que el cuerpo se relaje.

Respiración resonante

Esta técnica ayuda a sincronizar la respiración con la frecuencia cardíaca, generando un efecto calmante.

CÓMO PRACTICARLA

1. Inhala durante cinco o seis segundos.
2. Exhala durante cinco o seis segundos.
3. Mantén la respiración estable y rítmica durante 5-10 minutos.

Respiración de abeja

Esta técnica utiliza vibraciones sonoras para calmar el sistema nervioso y aquietar la mente.

CÓMO PRACTICARLA

1. Inhala profundamente por la nariz.
2. Exhala haciendo un suave sonido zumbante «mmm».
3. Siente la vibración en la cabeza y el pecho.
4. Repite de 5 a 10 veces.

La técnica 5-4-3-2-1

Esta técnica potencia la atención plena mediante la conciencia sensorial, ayudando a redirigir tu atención lejos de los factores estresantes y a regresar al momento presente. Te anima a involucrarte con tu entorno, calmando la mente al enfocarte en los estímulos sensoriales.

CÓMO PRACTICAR

1. Identifica cinco cosas que puedas ver a tu alrededor.
2. Observa cuatro cosas que puedas tocar.
3. Reconoce tres sonidos que puedas escuchar.
4. Identifica dos aromas que puedas oler.
5. Identifica una cosa que puedas saborear.
6. Acompaña esto con respiraciones lentas y controladas, para anclarte en el presente.

La técnica 5-4-3-2-1 es una práctica sencilla de atención plena que te ancla al momento presente al activar tus sentidos. Ayuda a desviar el foco del estrés y la ansiedad, permitiendo una reconexión calmada con tu entorno.

Imagina que estás en medio de una jornada laboral de alta presión. Tienes reuniones una tras otra, una fecha límite encima y una bandeja de entrada llena de correos. Al sentirte abrumado, decides tomarte un momento para practicar la técnica 5-4-3-2-1 en tu escritorio.

1. Identifica cinco cosas que puedas ver a tu alrededor.

☐ Las notas adhesivas azules en tu monitor.
☐ La taza de café que está a medio llenar.
☐ Una planta en maceta en la esquina de tu escritorio.
☐ La botella de agua colorida de tu compañero en el escritorio de al lado.
☐ El reloj en la pared marcando la hora.

2. Observa cuatro cosas que puedas tocar.

- ☐ La superficie lisa de tu escritorio.
- ☐ El calor de tu taza de café.
- ☐ La tela de tu silla.
- ☐ Las teclas de tu teclado.

3. Reconoce tres sonidos que puedas escuchar.

- ☐ El zumbido suave del aire acondicionado.
- ☐ El tecleo suave de los teclados cercanos.
- ☐ El sonido apagado de voces provenientes de una sala de reuniones lejana.

4. Identifica dos aromas que puedas oler.

- ☐ El aroma del café recién preparado.
- ☐ El olor del gel desinfectante que usaste antes en el día.

5. Identifica una cosa que puedas saborear.

- ☐ Da un sorbo a tu café y presta atención a su sabor.

6. Acompaña esto con respiraciones lentas y controladas, para anclarte en el presente.

A medida que avanzas por cada paso, acompañas el ejercicio con respiraciones lentas y profundas, inhalando por la nariz y exhalando despacio por la boca. Al finalizar la práctica, te sientes más calmado y enfocado, listo para continuar con la siguiente tarea de tu lista.

Respiración del León

Esta es una técnica de respiración dinámica que ayuda a liberar tensión y aumentar la energía. Contribuye a que el cuerpo se sienta más activo y a aliviar la tensión acumulada en los músculos de la mandíbula.

CÓMO PRACTICAR

1. Busca una posición cómoda sentado, ya sea apoyándote sobre los talones o cruzando las piernas.
2. Coloca las palmas firmemente sobre las rodillas, con los dedos bien separados.
3. Inhala profundamente por la nariz y abre los ojos lo más que puedas.
4. Al mismo tiempo, abre completamente la boca y saca la lengua, dirigiendo la punta hacia la barbilla.
5. Contrae los músculos de la parte frontal de la garganta mientras exhalas por la boca, emitiendo un sonido prolongado de «haaa».
6. Dirige la mirada al punto entre las cejas o a la punta de la nariz.
7. Repite este ejercicio de respiración de dos a tres veces.

La práctica regular de la Respiración del León puede aumentar tu energía y claridad mental. Esta técnica dinámica estimula la circulación de la energía y favorece la relajación, preparándote para afrontar los desafíos diarios con una sensación renovada.

POSTURAS DE YOGA PARA ALIVIAR EL ESTRÉS

Integrar el yoga en tu rutina diaria es una forma eficaz de reducir el estrés, calmar la mente y mejorar tu bienestar general. Estas posturas sencillas están diseñadas para involucrar cuerpo y mente, facilitando la liberación de tensión y el equilibrio interno. Practicar estas ocho posturas puede reducir notablemente el estrés y promover la relajación.

Flexión de Pie hacia Adelante

CÓMO PRACTICAR

1. Ponte de pie, erguido, con los pies separados al ancho de las caderas.
2. Exhala y flexiónate lentamente hacia adelante, manteniendo una ligera flexión en las rodillas.
3. Apoya las palmas en el suelo y deja que la cabeza descanse contra las piernas.
4. Estira la columna en distintas direcciones mientras llevas la cabeza hacia abajo.
5. Para un estiramiento más profundo, estira las piernas.
6. Mantén la postura durante seis a ocho respiraciones.
7. Inhala y eleva lentamente los brazos y el torso para volver a la posición inicial.

La Flexión de Pie hacia Adelante favorece la flexibilidad y la relajación. Seguir estos pasos ayuda a liberar la tensión en las piernas y la espalda, permitiendo que la relajación se extienda por todo el cuerpo.

Postura del Gato-Vaca

CÓMO PRACTICAR

1. Colócate a cuatro apoyos, con las muñecas alineadas bajo los hombros y las rodillas bajo las caderas.
2. Inhala y mantén el aire.
3. **Gato:** Exhala y redondea la espalda hacia el techo, llevando el ombligo hacia la columna.
4. Vuelve a la posición neutral con la espalda recta.
5. **Vaca:** Inhala, bascula la pelvis hacia atrás y eleva el coxis mientras activas el abdomen y mantienes la columna alineada.
6. Continúa alternando entre Gato y Vaca durante varias respiraciones.

Incorporar la Postura del Gato-Vaca en tu rutina favorece la flexibilidad de la columna y alivia la tensión. Este movimiento suave mejora la conciencia corporal, siendo ideal para la relajación y la atención plena .

Postura Fácil

CÓMO PRACTICAR

1. Siéntate en el suelo con las piernas extendidas frente a ti.
2. Cruza las piernas, colocando cada pie debajo de la rodilla opuesta.
3. Apoya las palmas sobre las rodillas, con los dedos apuntando hacia abajo.
4. Alinea la cabeza, el cuello y la columna, sentándote erguido y con el peso equilibrado.
5. Alarga la columna mientras relajas el cuello y suavizas pies y muslos.
6. Permanece aproximadamente un minuto y luego cambia el cruce de las piernas.

La práctica de la Postura Fácil favorece la relajación y la atención plena , mejorando tu bienestar general. Incorporarla con regularidad puede aumentar la flexibilidad y ayudarte a alcanzar mayor claridad mental.

Postura del Puente

CÓMO PRACTICAR

1. Túmbate boca arriba con las rodillas flexionadas y los pies apoyados en el suelo, separados al ancho de las caderas.
2. Coloca los brazos a los lados del cuerpo, con las palmas hacia abajo.
3. Inhala y eleva las caderas del suelo, articulando la columna hacia arriba.
4. Junta ligeramente las rodillas para mantenerlas alineadas y presiona brazos y hombros contra el suelo para elevar el pecho.
5. Activa piernas y glúteos para elevar más las caderas.
6. Mantén la postura durante cuatro a ocho respiraciones y luego baja lentamente las caderas al suelo.

La Postura del Puente es una excelente forma de fortalecer la espalda, los glúteos y las piernas, al mismo tiempo que mejora la flexibilidad de la columna. Su práctica regular puede mejorar la postura y aliviar la tensión relacionada con el estrés.

Perro Boca Abajo

CÓMO PRACTICAR

1. Comienza en posición de mesa.
2. Eleva las caderas hacia arriba y hacia atrás, formando una V invertida.
3. Mantén las manos separadas al ancho de los hombros y empuja los talones hacia el suelo.
4. Mantén la postura durante 5-10 respiraciones.

Mariposa Reclinada

CÓMO PRACTICAR

1. Túmbate boca arriba y junta las plantas de los pies.
2. Deja que las rodillas caigan hacia los lados, como alas de mariposa.
3. Coloca una mano sobre el pecho y otra sobre el abdomen, respirando profundamente.

Torsión Supina

CÓMO PRACTICAR

1. Túmbate boca arriba y lleva una rodilla hacia el pecho.
2. Gira suavemente la rodilla hacia el lado contrario del cuerpo, manteniendo los hombros apoyados en el suelo.
3. Extiende el brazo opuesto y dirige la mirada hacia el lado contrario.
4. Mantén la postura durante unas respiraciones y luego cambia de lado.

Piernas en la Pared

CÓMO PRACTICAR

1. Siéntate de lado junto a una pared.
2. Eleva las piernas y apóyalas contra la pared.
3. Recuéstate con los brazos relajados a los lados y respira profundamente.

La práctica regular de estas posturas de yoga ayuda a reducir el estrés y la ansiedad, al mismo tiempo que mejora la salud mental y física. Moverte a tu propio ritmo y centrarte en la respiración es clave, ya que cada postura te ayuda a reconectar con tu cuerpo y a liberar la tensión acumulada. Con constancia, estas posturas sencillas pero efectivas se convierten en una parte esencial de tu autocuidado, promoviendo calma y bienestar en tu día a día.

TERAPIA COGNITIVO-CONDUCTUAL

La Terapia cognitivo-conductual (TCC) es un enfoque práctico y altamente eficaz para mejorar la salud mental. Se basa en la idea de que nuestros pensamientos, emociones y conductas están profundamente conectados. En términos simples, lo que pensamos influye en cómo nos sentimos, y cómo nos sentimos afecta lo que hacemos. Los patrones de pensamiento negativos o distorsionados pueden generar malestar emocional y conductas poco saludables. La TCC nos ayuda a identificar esos patrones, cuestionarlos y sustituirlos por otros más sanos y realistas. Este proceso puede mejorar el bienestar emocional, fomentar conductas más saludables y fortalecer la resiliencia.

Si eres nuevo en el mundo del crecimiento personal o de la TCC, no te preocupes. Esta sección desglosa los principios esenciales de la TCC para que puedas empezar a aplicarlos en tu propia vida. Te ayudará a comprender cómo reconocer y evaluar tus pensamientos y emociones, incluso si no tienes conocimientos previos de psicología.

¿Qué es la TCC y por qué es efectiva?

La TCC es un enfoque terapéutico centrado en el presente que ayuda a las personas a identificar y cambiar patrones de pensamiento negativos que contribuyen al malestar emocional. Al aprender a cuestionar y reformular estos pensamientos, es posible modificar las respuestas emocionales y las conductas. Es un método basado en la evidencia, lo que significa que ha demostrado ser eficaz para distintas condiciones de salud mental, como la ansiedad, la depresión y el estrés.

A diferencia de otros enfoques terapéuticos, la TCC está orientada a soluciones y objetivos concretos. Ofrece herramientas prácticas que pueden aplicarse en la vida diaria, lo que la convierte en una opción muy útil para quienes desean generar cambios reales en su forma de pensar, sentir y actuar.

¿Cómo puedes empezar a usar la TCC?

El primer paso para utilizar la TCC es aprender a observar tus pensamientos. La mayoría de las personas no es consciente del flujo constante de ideas que pasan por su mente, muchas de ellas negativas o autocríticas. La TCC te invita a hacer una pausa y tomar conciencia de esos pensamientos, especialmente de aquellos que desencadenan emociones o conductas negativas.

En esta sección conocerás distintas herramientas de la TCC que puedes empezar a usar de inmediato para gestionar mejor tus pensamientos, emociones y comportamientos. Cada herramienta se explicará de forma clara y sencilla, con orientación práctica para integrarla en tu vida diaria. Recuerda que la TCC es una habilidad y, como cualquier otra, mejora con la práctica.

Qué esperar en esta sección

En esta sección encontrarás una introducción a algunas de las técnicas más eficaces de la TCC. Estas herramientas están diseñadas para ayudarte a identificar patrones de pensamiento negativos, cuestionarlos y sustituirlos por alternativas más saludables. Se incluirán apoyos visuales y ejemplos sencillos para reforzar cada concepto, y también se ofrecerá orientación sobre cómo buscar ayuda profesional si lo necesitas, especialmente si te resulta difícil aplicar estas técnicas por tu cuenta.

Tanto si estás dando tus primeros pasos en el cuidado de tu salud mental como si simplemente quieres tener mayor control sobre tu bienestar emocional, las herramientas de esta sección te darán la base necesaria para empezar a aplicar la TCC en tu vida. Al finalizarla, contarás con recursos prácticos para fortalecer tu resiliencia emocional y desarrollar patrones de pensamiento más saludables.

Desenredando las distorsiones cognitivas

Uno de los principales objetivos de la TCC es identificar y cuestionar las distorsiones cognitivas. Estas son formas de pensamiento irracionales o sesgadas que pueden afectar negativamente a tus emociones y a tu comportamiento. Al reconocer y desactivar estas distorsiones, puedes transformar tu manera de pensar para que sea más equilibrada y realista.

CÓMO PRACTICAR

1. Identifica pensamientos negativos y evalúa si encajan en alguna de las distorsiones cognitivas más comunes:
   - ☐ **Pensamiento de todo o nada:** Ver las situaciones en términos absolutos, sin puntos intermedios
   - ☐ **Sobregeneralización:** Sacar conclusiones amplias a partir de un solo hecho o evidencia
   - ☐ **Catastrofización:** Esperar siempre el peor resultado posible
   - ☐ **Filtro mental:** Centrarse solo en lo negativo e ignorar los aspectos positivos
2. Cuestiona el pensamiento preguntándote si es realista o si está basado en hechos.
3. Sustituye la distorsión por un pensamiento más equilibrado.

Ejemplo de esta técnica

Te sientes excluido porque tus amigos han quedado sin ti. Piensas: «Ya no les importo y siempre estaré solo». Este pensamiento es una sobregeneralización. Lo cuestionas recordando momentos en los que tus amigos sí te han incluido y reconociendo que una sola quedada no define toda la amistad. Reformulas el pensamiento: «Esto es solo un momento; sé que mis amigos me valoran».

Reestructuración cognitiva

La reestructuración cognitiva es el proceso de identificar y modificar pensamientos irracionales o poco útiles. Una vez que se reconoce un pensamiento o creencia negativa, puede cuestionarse y sustituirse por una perspectiva más precisa y constructiva. Esta técnica ayuda a cambiar una mentalidad de autocrítica por una de autocompasión.

CÓMO PRACTICAR

1. Identifica una creencia negativa o irracional que tengas sobre ti mismo o sobre una situación.
2. Analiza el origen de esa creencia y evalúa si está basada en hechos reales.
3. Cuestiona esa creencia considerando pensamientos alternativos más realistas.
4. Sustituye la creencia negativa por una más saludable.

Ejemplo de esta técnica

Tienes un partido importante de baloncesto y piensas: «Soy malísimo en los deportes. Voy a hacer el ridículo». Cuestionas ese pensamiento preguntándote: «¿Qué pruebas tengo de que soy malo en los deportes? He estado entrenando y otras veces me ha ido bien». Sustituyes el pensamiento por: «Puede que no sea perfecto, pero puedo dar lo mejor de mí y disfrutar del partido».

Exposición y prevención de respuesta

La exposición y prevención de respuesta (EPR) es una técnica que ayuda a adolescentes a afrontar y reducir la ansiedad, especialmente la relacionada con conductas obsesivo-compulsivas. Al enfrentarte poco a poco a aquello que temes y resistir el impulso de realizar una conducta tranquilizadora, la ansiedad disminuye con el tiempo.

CÓMO PRACTICAR

1. Identifica la situación que desencadena tu conducta compulsiva (por ejemplo, el miedo a los gérmenes).
2. Exponte gradualmente al estímulo temido sin realizar la conducta compulsiva (por ejemplo, tocar un pomo sin lavarte las manos de inmediato).
3. Con el tiempo, la ansiedad debería disminuir a medida que compruebas que la situación temida no es tan peligrosa como parece.

Ejemplo de esta técnica

Tienes miedo a los gérmenes y sientes el impulso de lavarte las manos después de tocar cosas en la escuela. Poco a poco, te expones a ese miedo tocando objetos como el escritorio del aula o un pomo, y resistiendo la necesidad de lavarte las manos de inmediato. Con la práctica, te das cuenta de que tocar cosas no te enferma y la ansiedad se vuelve más manejable.

Exposición interoceptiva

La exposición interoceptiva es una técnica que ayuda a adolescentes a afrontar la ansiedad relacionada con sensaciones físicas. Ya sea el corazón acelerado, las manos sudorosas o el mareo, aprender a tolerar y aceptar estas sensaciones puede ayudarte a manejar la ansiedad y los ataques de pánico.

CÓMO PRACTICAR

1. Identifica las sensaciones corporales que temes (por ejemplo, latidos acelerados o mareo).
2. Provoca intencionadamente estas sensaciones realizando actividades como el ejercicio.
3. Resiste el impulso de evitar o distraerte de las sensaciones.
4. Practica la atención plena para observar las sensaciones sin entrar en pánico.

Ejemplo de esta técnica

Te preocupa que hacer ejercicio acelere tu corazón y desencadene un ataque de pánico. Para desafiar ese miedo, sales a trotar durante unos minutos, elevando de forma intencionada tu ritmo cardíaco. En lugar de entrar en pánico, observas las palpitaciones y te recuerdas que son temporales e inofensivas. Con el tiempo, te sientes más cómodo con estas sensaciones.

Exposición y reescritura de pesadillas

Las pesadillas pueden ser aterradoras, pero con una técnica llamada reescritura puedes recuperar el control de tus sueños. Al cambiar la historia de la pesadilla, puedes hacerla menos amenazante y sentirte más seguro al dormir.

CÓMO PRACTICAR

1. Recuerda una pesadilla reciente y describe la emoción que te provocó.
2. Trabaja en modificar la narrativa de la pesadilla, incorporando elementos positivos o que te den poder.
3. Visualiza esta nueva versión de la pesadilla antes de irte a dormir.

Ejemplo de esta técnica

Sueles tener una pesadilla en la que estás perdido en la escuela y no encuentras a tus amigos. Para reescribirla, te imaginas encontrándolos con calma, y todos te ayudan a volver al camino. Antes de dormir, visualizas este nuevo final, ayudando a tu mente a asociar el sueño con una sensación de calma. Con el tiempo, la pesadilla aparece con menos frecuencia y resulta menos aterradora.

Qué es lo peor que puede pasar

Esta técnica consiste en enfrentarte mentalmente a tus peores miedos. Al imaginar el peor escenario posible y darte cuenta de que puedes manejarlo, reduces el poder que tiene sobre ti. Se trata de aceptar la incertidumbre y prepararte para cualquier resultado.

CÓMO PRACTICAR

1. Identifica la situación que te genera miedo (por ejemplo, hablar en público).
2. Imagina mentalmente el peor escenario posible (por ejemplo, olvidar tu discurso).
3. Visualízate manejando la situación con calma y seguridad.
4. Reconoce que, incluso si ocurre lo peor, eres capaz de afrontarlo.

Ejemplo de esta técnica

Te pone nervioso hacer una presentación en clase y piensas: «¿Y si se me olvida todo y hago el ridículo?». Imaginas el peor escenario, en el que olvidas lo que ibas a decir, pero luego te recuperas con calma explicando las ideas principales de otra forma. Te das cuenta de que, aunque olvides algunos detalles, puedes presentarte con seguridad y que no es el fin del mundo.

Las técnicas de la TCC son estrategias eficaces para que los adolescentes afronten el estrés, la ansiedad y los pensamientos intrusivos. Al aplicar estos métodos de forma constante, las personas pueden aprender a gestionar mejor sus respuestas emocionales y cognitivas, fortalecer su resiliencia y enfrentar los desafíos con mayor seguridad.

INCORPORAR LA ATENCIÓN PLENA EN LA VIDA DIARIA

La atención plena va más allá de la meditación; es una práctica que puede integrarse en la vida cotidiana. Se trata de estar presente y consciente en cada actividad. Ya sea al cepillarte los dientes, preparar una comida o caminar al trabajo, la atención plena puede transformar rutinas en momentos de calma y claridad. En esta sección exploraremos formas prácticas de incorporar la atención plena en las tareas diarias, reduciendo el estrés, mejorando la concentración y valorando los pequeños momentos de la vida. Al hacer de la atención plena parte de nuestras actividades cotidianas, promovemos el equilibrio y el bienestar a lo largo del día.

Jardinería consciente

La jardinería es una excelente forma de practicar la atención plena, ya que te permite conectar con la naturaleza mientras cuidas de las plantas. Al hundir las manos en la tierra, percibe su textura y temperatura. Observa los colores vivos de las flores y las distintas formas de las hojas. Cada sesión de siembra o deshierbe puede convertirse en una práctica meditativa, donde te concentras en el ritmo de tus movimientos y en el proceso de nutrir la vida. El acto de regar las plantas, sentir el peso de la regadera y observar el crecimiento con el paso del tiempo fomenta la paciencia y la apreciación del mundo natural. Para jóvenes adultos que buscan una vía terapéutica, la jardinería puede ser una forma poderosa de conectar con el presente, reducir el estrés y encontrar satisfacción en el cuidado de seres vivos.

Alimentación consciente

La alimentación consciente es una manera sencilla pero poderosa de transformar tu relación con la comida. Esta práctica implica desacelerar y apreciar de verdad los sabores, aromas y texturas de lo que consumes. Imagina esto: en lugar de comer de forma automática o picar algo con prisas, te detienes a saborear cada bocado. Piensa en morder una manzana crujiente, sentir su textura, notar su dulzura y reconocer la energía y el alimento que te aporta. Al centrarte en estas experiencias sensoriales, desarrollas una mayor gratitud hacia la comida. Esto favorece hábitos alimentarios más saludables y ayuda a reducir el estrés al anclarte en el momento presente. En la actualidad, muchos comemos distraídos por pantallas o con prisa; la alimentación consciente puede ser un recordatorio amable para bajar el ritmo y disfrutar de los placeres simples de la vida (Mayo Clinic Staff, 2022).

Caminar con atención plena

Convertir el acto de caminar en un ejercicio meditativo puede aumentar significativamente tu conciencia tanto del movimiento como del entorno. En lugar de caminar solo para ir de un punto A a un punto B, considera cada paso como una oportunidad para conectar con lo que te rodea. Caminar con atención plena no consiste en recorrer largas distancias, sino en estar completamente presente. Mientras caminas, observa la sensación de tus pies al tocar el suelo, el ritmo de tu respiración acompasado con tus pasos y el contacto del aire con tu piel. Este tipo de caminata te permite reconectar con tu cuerpo y con el entorno, ofreciéndote un descanso del ruido constante de pensamientos y distracciones. Para jóvenes adultos que enfrentan desafíos emocionales, la caminata consciente puede ser una pausa necesaria, favoreciendo la claridad mental y reduciendo el estrés (Wondermed, 2023).

Uso consciente de la tecnología

En la era digital, donde los dispositivos reclaman constantemente nuestra atención, practicar un uso consciente de la tecnología se vuelve esencial. Esta práctica implica establecer intenciones claras antes de usar cualquier dispositivo, ya sea el teléfono, la tableta o la computadora. Tal vez los utilices para entretenerte, trabajar o mantenerte en contacto con otros. Sea cual sea el propósito, es importante ser consciente de cuándo y durante cuánto tiempo los usas. Establece límites, como definir momentos específicos para revisar correos o redes sociales, asegurándote de que el consumo digital no invada tus interacciones en la vida real. Al hacerlo, creas fronteras que reducen la sobreexposición digital y dejan espacio para experiencias más profundas y conscientes, lo que mejora tu bienestar general. Este enfoque es especialmente beneficioso para adolescentes y jóvenes adultos que, de otro modo, podrían quedar atrapados en un desplazamiento interminable, perdiéndose interacciones humanas reales o momentos de reflexión personal. Fomentar el uso consciente de la tecnología también es una estrategia valiosa para padres que buscan apoyar el desarrollo de la resiliencia emocional y la autodisciplina en sus hijos (Mayo Clinic Staff, 2022).

ACTIVIDADES PARA REDUCIR EL ESTRÉS

El estrés se ha convertido en una constante de la vida moderna, llevándonos a buscar formas eficaces de encontrar alivio. Afortunadamente, existen técnicas accesibles y comprobadas para reducir la tensión y promover la calma, cada una con beneficios únicos tanto para la mente como para el cuerpo. Las prácticas de atención plena , como colorear y conectar con la naturaleza, ofrecen caminos hacia una mayor autoconsciencia, equilibrio emocional y paz interior.

Colorear con atención plena es una herramienta accesible para reducir el estrés, especialmente atractiva por su carácter creativo y no verbal. Colorear requiere prestar atención a los detalles, ya sea al elegir los colores o al completar patrones complejos. Al concentrarte profundamente en estas actividades, la mente se ancla en el momento presente, ofreciendo un descanso frente a preocupaciones y ansiedades externas. El proceso es inherentemente meditativo y favorece un estado de fluidez en el que el tiempo parece desaparecer y la mente encuentra un ritmo tranquilo. La coloración consciente no exige habilidades artísticas, solo la disposición a sumergirse en una actividad creativa y calmante.

Imagínate llegando a casa después de un día largo y estresante. Tomas un libro para colorear con diseños florales detallados, te sientas con un set de lápices de colores y te permites disfrutar del placer simple de rellenar cada forma. A medida que eliges colores vibrantes y sombreas con cuidado cada pétalo, tu mente comienza a aquietarse y las tensiones del día se van desvaneciendo. Esta es la magia de los libros para colorear para adultos: te ofrecen un escape creativo y una forma de centrarte. No necesitas ser artista; basta con tu disposición a participar en el proceso. Conforme los patrones cobran vida bajo tu mano, empiezas a sentirte más calmado, más enfocado y, quizá, con una agradable sensación de logro.

Sumergirse en la naturaleza ofrece una vía poderosa de conexión emocional y alivio del estrés. La conexión con la naturaleza anima a pasar tiempo al aire libre, observando la belleza y complejidad del entorno natural. Ya sea caminando por un bosque, sentado junto a un río o dando un paseo por un parque cercano, estar al aire libre permite involucrarte plenamente con lo que te rodea. Presta atención al canto de los pájaros, al crujir de las hojas y a los aromas frescos y terrosos. Imagínate entrando en un sendero tranquilo del bosque, con la luz del sol filtrándose entre los árboles y proyectando un brillo cálido sobre el camino. Te detienes a escuchar el canto melodioso de las aves y respiras profundamente, inhalando el aroma fresco de la naturaleza. En ese momento, el peso de las responsabilidades empieza a aliviarse, sustituido por una sensación reconfortante de presencia.

Incorporar la atención plena en nuestra vida ayuda a gestionar el estrés, mejorar el bienestar y fomentar conexiones más profundas. La respiración consciente, el yoga y las prácticas diarias fortalecen la resiliencia y suavizan los desafíos de la vida. Estas técnicas promueven la calma, la concentración y la claridad, ayudando a mantener el equilibrio emocional en momentos caóticos. Con la práctica constante, la atención plena se convierte en una rutina natural que nos permite afrontar la vida con mayor confianza.

Al avanzar hacia el siguiente capítulo, exploraremos las habilidades esenciales que constituyen la base de las relaciones significativas y del trabajo en equipo eficaz. La comunicación es más que intercambiar palabras; se trata de fomentar la comprensión, la confianza y la colaboración. Analizaremos técnicas de escucha activa, la expresión saludable de las emociones, el desarrollo de la empatía y la resolución de conflictos, elementos clave que cierran brechas y fortalecen los vínculos.

PUNTOS CLAVE

- **Cargas emocionales:** Reconocer los pesos emocionales que llevamos, como la culpa y la ansiedad, es el primer paso para iniciar el proceso de sanación y fomentar el crecimiento personal.

- **Resiliencia:** Desarrollar resiliencia emocional para afrontar mejor los desafíos de la vida. Esto implica comprender las presiones sociales, adoptar una mentalidad de crecimiento y cultivar relaciones de apoyo.

- **Autoconsciencia:** Impulsar el crecimiento personal y la autenticidad cultivando la autoconsciencia mediante técnicas como los mapas mentales, la clarificación de valores y la búsqueda de retroalimentación.

- **Autoaceptación:** Abrazar la autoaceptación cuestionando los estándares sociales de belleza y éxito, y centrándote en tus propias definiciones mientras celebras tu individualidad.

- **Técnicas de atención plena :** Integrar prácticas de atención plena como la respiración profunda, el yoga y la conciencia en las actividades cotidianas para reducir el estrés y mejorar el bienestar emocional.

- **Técnicas cognitivo-conductuales:** Utilizar métodos de la TCC para identificar y reformular patrones de pensamiento negativos, promoviendo la regulación emocional y la resiliencia.

- **Relaciones saludables:** Fomentar y mantener amistades positivas y de apoyo que impulsen el crecimiento y mejoren el bienestar emocional. Ser consciente de las relaciones tóxicas y tomar distancia de ellas.

- **Establecer límites:** Definir y comunicar límites personales claros para proteger tu salud emocional y garantizar el respeto mutuo en las relaciones.

- **Gestión del estrés:** Participar en actividades para reducir el estrés, como colorear con atención plena o pasar tiempo en la naturaleza, para promover el equilibrio emocional y la paz interior.

CAPÍTULO 8

Comunicación y Conexión

La comunicación eficaz es la base de
toda conexión significativa.

En la base de toda conexión significativa, ya sea con la familia, los amigos o los compañeros de trabajo, se encuentra la comunicación eficaz. Participar en un diálogo sincero nos permite conectar a un nivel más profundo, fomentando la empatía y la confianza que enriquecen nuestras interacciones y crean vínculos auténticos. Al priorizar la calidad de nuestra comunicación, podemos transformar nuestras relaciones en pilares de apoyo, felicidad y crecimiento personal, enriqueciendo nuestra vida y cultivando una sensación de paz interior.

TÉCNICAS DE ESCUCHA ACTIVA

Construir relaciones sólidas comienza por comprender y validar las perspectivas de los demás. La escucha activa es una herramienta poderosa para lograrlo. Cuando una persona se siente realmente escuchada, se genera una sensación de confianza y seguridad en la relación. Prestar toda tu atención a lo que la otra persona dice demuestra interés y cuidado, y ese respeto profundiza la conexión. No se trata solo de oír palabras, sino de conectar con las emociones y pensamientos que hay detrás. Cuando las personas se sienten comprendidas, es más probable que se abran, creando un ciclo positivo de comunicación y respeto mutuo que fortalece el vínculo con el tiempo.

La escucha activa incluye diversas técnicas que van más allá de simplemente oír palabras. Utilizar estrategias como parafrasear, asentir con la cabeza y hacer preguntas abiertas no solo demuestra empatía, sino que también mantiene la conversación dinámica y significativa (Cuncic, 2024). Por ejemplo, cuando parafraseas las preocupaciones de un amigo, validas sus sentimientos y demuestras que valoras y comprendes su perspectiva. Un gesto afirmativo con la cabeza o una pregunta de seguimiento como «¿Puedes contarme un poco más sobre eso?» transmite un interés genuino y anima a la otra persona a expresarse con mayor libertad y profundidad.

Sin embargo, una escucha activa eficaz requiere superar ciertos obstáculos. Las distracciones, los prejuicios y las emociones pueden dificultar la capacidad de estar plenamente presente en una conversación. Reconocer estos obstáculos es el primer paso para mantener la atención. Por ejemplo, los entornos ruidosos o las distracciones internas, como pensar con antelación en qué responder, pueden interrumpir el flujo de una escucha atenta. Reconocer los prejuicios personales que influyen en cómo interpretamos el mensaje de otra persona es fundamental para mantener el enfoque en comprender su punto de vista.

Las emociones desempeñan un papel clave en la comunicación. Cuando alguien está absorbido por un conflicto emocional personal, puede resultar difícil escuchar activamente. Ser consciente del propio estado emocional y dejarlo a un lado ayuda a centrar la atención en las palabras del interlocutor. Técnicas como la respiración consciente o tomarse un momento para prepararse mentalmente antes de iniciar una conversación pueden mejorar de forma notable la capacidad de atención.

Para dominar realmente la escucha activa, la práctica es esencial. Los Juegos de rol ofrecen oportunidades valiosas para desarrollar esta habilidad. Participar en conversaciones simuladas con compañeros o en talleres donde se recibe retroalimentación ayuda a perfeccionar la forma de escuchar. Estas prácticas permiten explorar distintas dinámicas conversacionales y recibir comentarios constructivos sobre los hábitos de escucha (Taylor, 2023).

La retroalimentación de los demás actúa como un espejo que refleja áreas de mejora. Puede poner en evidencia conductas como interrumpir o no hacer preguntas aclaratorias. Con esta información, es posible trabajar consciente-mente en esos aspectos y lograr interacciones más significativas.

La práctica de la escucha activa va de la mano con otro componente fundamental: la validación. Validar implica reconocer los sentimientos y ex-periencias de la otra persona sin necesidad de estar de acuerdo con ellos. Esto ayuda a cerrar brechas emocionales y refuerza la sensación de ser respetado y valorado. Frases sencillas como «Entiendo por qué te sientes así» pueden fortalecer enormemente el vínculo al transmitir empatía y aceptación.

Un ejercicio muy útil es realizar conversaciones en grupo donde cada persona practique la escucha reflexiva por turnos. En estos intercambios, quien escucha repite lo que ha entendido, resumiendo las ideas principa-les para confirmar que ha comprendido correctamente. Este pequeño gesto hace que la otra persona se sienta realmente escuchada. Con el tiempo, estas prácticas pueden marcar una gran diferencia en la construcción de relaciones más sólidas y auténticas.

Además, crear espacios seguros para la expresión abierta favorece una comunicación honesta y eficaz. Generar un entorno en el que las personas se sientan cómodas compartiendo pensamientos y emociones sin miedo al juicio o al rechazo permite establecer relaciones más profundas y conecta-das. Establecer normas básicas de diálogo respetuoso en entornos grupales refuerza aún más las prácticas de escucha activa.

Construir relaciones sólidas depende de la escucha activa y la validación. Al prestar atención plena , utilizar técnicas como la paráfrasis y superar dis-tracciones, se profundizan los vínculos basados en la confianza y la empatía. Practicar estas habilidades y recibir retroalimentación fortalece la comuni-cación y fomenta el respeto mutuo, dando lugar a relaciones más auténticas.

EXPRESAR LAS EMOCIONES DE FORMA SALUDABLE

La expresión honesta de las emociones es una parte fundamental para construir relaciones significativas, y comienza con identificar y nombrar lo que sentimos. Comprender nuestras emociones nos permite expresarlas con mayor claridad, facilitando la autorregulación y mejorando la comunicación durante las conversaciones. Cuando sabemos poner nombre a lo que sentimos, resulta más fácil transmitir nuestras ideas y reducir malentendidos que suelen surgir por señales emocionales confusas o mal interpretadas. La conciencia emocional no solo impulsa el crecimiento personal, sino que también fortalece las relaciones interpersonales, haciendo las conversaciones más respetuosas y comprensivas.

El uso de mensajes en primera persona («yo») es una técnica poderosa para una comunicación abierta y no defensiva. Por ejemplo, decir «Me siento molesto cuando los planes cambian a última hora» pone el foco en lo que siente quien habla, en lugar de culpar a la otra persona, lo que podría generar defensividad. Esta forma de acercamiento induce vulnerabilidad y honestidad, facilitando conexiones más profundas. La vulnerabilidad permite mostrar quiénes somos realmente y crea un entorno donde ambas partes se sienten seguras para expresarse sin temor al juicio. Schmitz (2016) destaca la importancia de la empatía y la comprensión en la comunicación, ya que ofrecen una visión más clara de las emociones ajenas y contribuyen a construir confianza en las relaciones.

El impacto de reprimir las emociones puede ser perjudicial, ya que favorece la acumulación de resentimiento y posibles conflictos. Guardarse lo que se siente puede parecer más sencillo al principio, pero a largo plazo suele generar tensión y problemas no resueltos. Expresar las emociones, en cambio, ayuda a liberarlas y contribuye positivamente al bienestar mental. Reconocer y compartir abiertamente lo que sentimos evita que pequeños desacuerdos se conviertan en conflictos mayores.

Participar en actividades artísticas permite canalizar las emociones de forma creativa, ayudando a procesar lo que se siente de una manera significativa. Una de estas actividades es el origami, el arte japonés de doblar papel.

Por ejemplo, una persona que se siente estresada o ansiosa puede doblar una grulla de papel, símbolo tradicional de paz y esperanza. A medida que sigue cada paso con atención, el movimiento repetitivo del papel ayuda a calmar la mente y a transformar pensamientos caóticos en algo estructurado y bello. Al convertir una simple hoja en una figura con significado, se canalizan las emociones y se encuentra alivio emocional a través de la creatividad.

Además, la terapia o el acompañamiento psicológico ofrecen un entorno estructurado para explorar las emociones. Los profesionales guían a las personas en el proceso de reconocer y expresar lo que sienten, aportando apoyo y herramientas para gestionar la expresión emocional de forma saludable. En espacios grupales, los participantes pueden aprender de las experiencias de otros y obtener nuevas perspectivas sobre cómo expresar sus emociones dentro de una comunidad de apoyo. Estas prácticas fomentan la autoconsciencia, un componente clave de la inteligencia emocional, esencial para el crecimiento personal y la construcción de relaciones.

Desarrollar estas habilidades requiere práctica y disposición para afrontar las emociones con honestidad. Abordar conversaciones centradas en las emociones fortalece la resiliencia y ayuda a manejar escenarios emocionales complejos con mayor soltura. La conciencia y la expresión emocional son procesos de autodescubrimiento fundamentales para mantener la autenticidad en las relaciones.

RESOLUCIÓN DE CONFLICTOS

La comunicación eficaz no se limita a intercambiar palabras; es una herramienta poderosa para fortalecer las relaciones y abordar desacuerdos. Cuando las personas afrontan los conflictos con una mentalidad constructiva, pueden transformar las diferencias en oportunidades para profundizar vínculos y comprenderse mejor. La clave está en identificar las causas reales del conflicto, lo que facilita soluciones efectivas y reduce la probabilidad de que el problema se repita.

Los conflictos suelen surgir por malentendidos, necesidades no satisfechas o diferencias de valores. Reconocer estas causas de fondo exige ir más allá de los desacuerdos superficiales y explorar lo que realmente está ocurriendo. Al identificar estas preocupaciones esenciales, es posible desarrollar soluciones que aborden el núcleo del conflicto y generen resultados más satisfactorios para todas las partes (*5 Conflict Resolution Strategies,* 2024).

Por ejemplo, dos amigos pueden discutir sobre a dónde ir a cenar, pero el verdadero problema puede ser el deseo de uno de ellos de sentirse escuchado y valorado en la toma de decisiones. En apariencia, se trata solo de una preferencia gastronómica, pero en el fondo puede haber una sensación de haber sido ignorado en decisiones anteriores. Esa persona quizá quiera que su opinión sea tenida en cuenta no solo al elegir el restaurante, sino también en otros aspectos de la relación.

El otro amigo puede no ser consciente de esta necesidad y actuar por costumbre o conveniencia. Si ambos se toman el tiempo de comunicarse con honestidad, pueden descubrir este trasfondo emocional. La solución podría consistir en turnarse para elegir el lugar o en consultarse mutuamente antes de decidir, asegurándose de que ambos se sientan escuchados.

Una vez identificada la causa raíz, las técnicas de negociación se convierten en herramientas clave para resolver el conflicto. No se trata de «ganar», sino de encontrar puntos en común que respeten todas las perspectivas. Una negociación eficaz implica escuchar activamente, expresar las necesidades con claridad y buscar soluciones en las que todos salgan beneficiados. Una disculpa sincera, cuando corresponde, es fundamental para restaurar la confianza. Pedir perdón sin excusas demuestra humildad y compromiso con la relación, así como una comprensión del impacto que nuestras acciones pueden haber tenido en la otra persona y la voluntad de reparar el daño (Shonk, 2025).

La empatía también desempeña un papel esencial en la gestión de conflictos. Cuando cada persona comprende el punto de vista del otro, accede a las emociones que hay detrás de las diferencias. La empatía va más allá de la simpatía; implica conectar profundamente con lo que el otro siente, lo que reduce la hostilidad y favorece un diálogo genuino. Por ejemplo, si un padre comprende la frustración de su hijo ante las normas de horario, es más probable que se llegue a un acuerdo que equilibre seguridad y autonomía, atendiendo las necesidades de ambos.

Incorporar la empatía en la resolución de conflictos transforma la dinámica de confrontación en colaboración. Las personas tienden a bajar la guardia y a trabajar juntas cuando se sienten comprendidas. La empatía no siempre surge de forma natural, especialmente en situaciones tensas, por lo que requiere un esfuerzo consciente y práctica constante, como fortalecer un músculo con el tiempo.

Además, reflexionar de forma habitual después de experiencias reales de conflicto puede ofrecer aprendizajes valiosos. Llevar un diario donde registres los desacuerdos y los pasos que seguiste para resolverlos ayuda a identificar qué funcionó y qué no. Esta reflexión favorece un crecimiento personal continuo en la forma de manejar los conflictos.

Para educadores y profesionales del bienestar, guiar a los jóvenes a través de ejercicios prácticos como estos les da las herramientas necesarias para afrontar los conflictos con mayor confianza y competencia. Cuando los adultos crean espacios seguros donde los jóvenes pueden explorar y practicar estas habilidades, les ayudan a desarrollar la resiliencia necesaria para construir relaciones más sólidas a lo largo de su vida.

La resolución eficaz de conflictos es un proceso continuo de aprendizaje y crecimiento. A medida que enfrentamos nuevos desafíos y evolucionamos como personas, nuestra forma de abordar los desacuerdos también cambia. Mantenerse abierto a la retroalimentación y dispuesto a ajustar las estrategias permite seguir desarrollando estas habilidades esenciales. Este proceso constante contribuye a crear entornos donde la comunicación fluye, favoreciendo relaciones más fuertes y armoniosas en todos los ámbitos de la vida.

DESARROLLAR LA EMPATÍA

En la sección anterior hablamos de la importancia de la empatía, y una forma de cultivarla es a través de la lectura, el voluntariado y el diálogo. Los libros y las historias abren una ventana a vidas, desafíos y emociones diversas, ofreciendo la oportunidad de ponerse en el lugar de otra persona sin salir de casa. Al leer, no solo conoces personajes y tramas, sino que adquieres una comprensión más profunda de las emociones y reacciones humanas, lo que fortalece tu capacidad empática. Del mismo modo, el voluntariado te expone a distintas realidades y experiencias personales, fomentando un sentido compartido de humanidad. Hablar sobre estas vivencias, ya sea en la mesa familiar o en grupos de estudio, amplía aún más la comprensión empática y crea experiencias compartidas que unen a personas de distintos contextos en un proceso de crecimiento mutuo.

A pesar de su importancia, existen varios obstáculos que pueden dificultar la empatía hacia los demás. Ser consciente de los estereotipos, el agotamiento emocional y las diferencias culturales es clave para superarlos. Los estereotipos, a menudo asumidos de forma inconsciente, nublan el juicio y generan sesgos que impiden una conexión genuina. Reconocerlos y cuestionarlos es fundamental. Por otro lado, el desgaste emocional puede reducir la empatía, especialmente cuando una persona se siente sobrecargada o agotada. Dedicar tiempo a atender las propias necesidades y practicar el autocuidado ayuda a preservar la capacidad empática. Además, aceptar las diferencias culturales en lugar de verlas como barreras enriquece la empatía. Valorar la diversidad permite integrar múltiples perspectivas y fomenta una comprensión y aceptación más profundas.

Las estrategias prácticas también refuerzan conexiones empáticas a largo plazo. Utilizar un lenguaje de apoyo en las conversaciones demuestra consideración y compasión, animando a los demás a expresarse con apertura. Frases sencillas como «Entiendo cómo te sientes» o «Eso suena realmente difícil» validan las emociones y generan una sensación de seguridad. Mantener un contacto regular con amigos, familiares o compañeros es otra forma de fortalecer los vínculos empáticos. No tiene que ser algo elaborado; incluso un mensaje breve preguntando «¿Cómo estás?» puede hacer que alguien se sienta valorado y escuchado. Estos esfuerzos constantes contribuyen de forma significativa a relaciones más fuertes y resilientes.

La empatía es fundamental tanto a nivel personal como comunitario. En las comunidades, favorece entornos donde la inclusión y la confianza prosperan, permitiendo que las personas colaboren para alcanzar objetivos comunes. Las interacciones empáticas fomentan la apertura, reducen los conflictos e inspiran el progreso colectivo. Al igual que en las relaciones personales, donde la empatía fortalece el bienestar emocional al crear lazos de comprensión y afecto, en contextos más amplios actúa como un motor de innovación y cambio positivo.

La empatía es una herramienta poderosa para el crecimiento personal y la gestión de desafíos emocionales. Desarrollarla permite comprender mejor las propias emociones y las de los demás, fortaleciendo las relaciones y mejorando la resiliencia emocional. Animar a los jóvenes a participar en actividades que fomenten la empatía, como deportes en equipo o proyectos grupales, les ayuda a practicar ponerse en el lugar del otro. Estas experiencias no solo desarrollan habilidades sociales, sino que también enseñan cooperación y trabajo en equipo, reforzando la importancia de la empatía en la vida cotidiana.

Los padres y cuidadores también desempeñan un papel clave en la transmisión de valores empáticos. Al modelar comportamientos empáticos y promover entornos que favorezcan la expresión abierta y la escucha activa, ayudan a inculcar estas habilidades en sus hijos. Ver a los adultos resolver conflictos con empatía enseña lecciones importantes sobre cómo gestionar las propias emociones y comprender a los demás. Hablar de sentimientos, validar emociones y practicar la gratitud en casa establece una base sólida para que la empatía se desarrolle.

Educadores y profesionales del bienestar desempeñan un papel clave al llevar estas enseñanzas más allá del entorno familiar. Al integrar el desarrollo de la empatía en programas educativos o sesiones de orientación, brindan a los jóvenes las herramientas necesarias para fortalecer su inteligencia emocional y construir relaciones sólidas. Talleres y seminarios centrados en la toma de perspectiva y la compasión pueden motivar a los estudiantes a afrontar los desafíos de la vida con empatía, transformando las dificultades en oportunidades de crecimiento y conexión.

Un ejemplo de cómo desarrollar la empatía en las escuelas

La profesora Thompson, docente de secundaria, sabía que la empatía era una habilidad vital que sus alumnos necesitaban desarrollar. Con la intención de fomentar la comprensión, la conexión y el crecimiento emocional, introdujo una actividad llamada «Compartir historias» en su aula.

LA HISTORIA DE ANNA

Un día, Anna, una alumna callada y reservada, se ofreció a compartir su historia. Anna llevaba solo unos meses en la escuela y había tenido dificultades para hacer amigos. Explicó que, durante su primera semana, intentó unirse a un grupo a la hora del almuerzo, pero se sintió ignorada. También contó que escuchó a algunos estudiantes susurrar sobre su ropa y su acento, lo que la hizo sentirse como una extraña.

«Solo quería encajar», dijo Anna en voz baja, bajando la mirada hacia sus manos. «Pero sentí que nadie siquiera se daba cuenta de mí».

La profesora Thompson, creando un ambiente seguro y de apoyo, preguntó a la clase: «¿Cómo creen que se pudo haber sentido Anna en ese momento?»

Algunos estudiantes levantaron la mano para compartir sus ideas. «Debió sentirse muy sola», dijo Ethan. «No puedo imaginar lo difícil que ha de ser nuevo y sentir que nadie quiere hablar contigo».

«Yo me sentiría muy triste», añadió Mia, una compañera que recientemente había pasado por sus propias dificultades para encajar tras mudarse a la zona.

Mientras la clase escuchaba con atención y empatizaba con la experiencia de Anna, algo cambió en el ambiente. Los estudiantes ya no eran solo compañeros de clase; eran personas que comprendían las vulnerabilidades de los demás.

Después de que Anna terminara su relato, la profesora Thompson facilitó una conversación sobre cómo hacer el aula más inclusiva. Preguntó: «¿Qué podemos hacer para asegurarnos de que alguien como Anna se sienta visto y escuchado?»

Poco a poco, comenzaron a surgir ideas:

- «Podríamos invitar a los estudiantes nuevos a sentarse con nosotros en el almuerzo», sugirió Liam.
- «Tal vez podríamos esforzarnos más por incluir a todos cuando trabajamos en proyectos en grupo», añadió Mia.
- «Yo me aseguraré de hablar si veo a alguien sentado solo», dijo Ethan.

La historia de Anna no solo permitió comprender mejor sus sentimientos, sino que también dio lugar a acciones concretas para mejorar la dinámica del aula. Al finalizar la actividad, la profesora Thompson pudo notar un cambio sutil pero significativo. Los estudiantes comenzaron a ser más conscientes unos de otros, y empezó a formarse un nuevo sentido de comunidad.

A través del simple acto de compartir historias personales, la experiencia de Anna ayudó a sus compañeros a comprender el impacto de la exclusión y la importancia de la amabilidad. Compartir historias fomentó la empatía, transformando un momento de vulnerabilidad en una oportunidad colectiva de crecimiento y compasión. La profesora Thompson sabía que crear espacios para este tipo de conversaciones generaría cambios positivos duraderos, convirtiendo el aula en un lugar donde cada estudiante se sintiera valorado y escuchado.

La comunicación eficaz es esencial para fomentar relaciones sólidas en todos los ámbitos de la vida. Centrarse en la escucha activa, expresar las emociones de forma saludable, resolver conflictos y practicar la empatía permite mejorar las interacciones y construir conexiones más profundas. Estas habilidades favorecen una mejor comprensión y colaboración, al mismo tiempo que impulsan el crecimiento personal y la inteligencia emocional. Construir relaciones significativas abre el camino al apoyo, la alegría y el progreso colectivo, enriqueciendo nuestras vidas de muchas maneras. En última instancia, mejorar la comunicación y la conexión es un proceso continuo que nos permite crecer tanto a nivel personal como dentro de nuestras comunidades.

ACTIVIDAD DE DIARIO DE EMPATÍA

Tómate tu tiempo para reflexionar sobre cada propuesta del diario de empatía. Busca un momento tranquilo para pensar sin distracciones. Lee cada pregunta con atención y deja que tus pensamientos fluyan con libertad. Escribe tus respuestas con sinceridad, expresando tus sentimientos y reflexiones de forma honesta. Concéntrate en tus experiencias personales, ya que no existen respuestas correctas o incorrectas. Puedes anotar emociones o recuerdos relacionados que vayan surgiendo. Al terminar, revisa lo que has escrito y observa cómo puede ayudarte a fortalecer tu comprensión y práctica de la empatía en la vida diaria.

Piensa en un libro o una serie que te haya ayudado a comprender mejor la vida de otra persona. ¿Qué aprendiste sobre los sentimientos o dificultades del personaje? ¿Cómo cambió eso tu forma de entender a los demás en la vida real?

Recuerda una ocasión reciente en la que conociste o hablaste con personas de un contexto diferente al tuyo. ¿Qué aprendiste de ellas? ¿Cómo te ayudó a comprender mejor su vida y a desarrollar mayor empatía?

_____

_____

_____

_____

_____

_____

_____

_____

_____

_____

_____

_____

Piensa en un momento en el que te resultó difícil comprender a alguien debido a un estereotipo o suposición. ¿Qué hiciste para ver la situación desde otra perspectiva? ¿Qué aprendiste sobre ti mismo y cómo puede eso ayudarte a ser más comprensivo en el futuro?

PUNTOS CLAVE

- Construir conexiones significativas depende de una comunicación eficaz, que fomenta la empatía, la confianza y el crecimiento personal en las relaciones.

- Técnicas como parafrasear, asentir y hacer preguntas abiertas mejoran la comprensión y la validación emocional, fortaleciendo los vínculos.

- Es fundamental superar distracciones, prejuicios y emociones personales para mantener la atención y la presencia en las conversaciones.

- Reconocer y validar los sentimientos de los demás ayuda a construir relaciones más sólidas al demostrar empatía y aceptación.

- Ser honesto con lo que sientes es clave para crear vínculos sanos. El uso de mensajes en primera persona («yo») fomenta la vulnerabilidad y reduce la defensividad.

- Comprender las causas profundas de los conflictos y comunicarse de forma efectiva permite resolver desacuerdos de manera constructiva y fortalecer las relaciones.

- Cultivar la empatía mediante actividades como la lectura, el voluntariado y el diálogo abierto mejora la comprensión y refuerza los vínculos.

- Reconocer las características de las amistades saludables —como el respeto mutuo, el apoyo y la comprensión— favorece el crecimiento personal y el bienestar emocional.

- Identificar y abordar conductas tóxicas en las relaciones es esencial para la salud mental, y establecer límites protege frente a influencias negativas.

- Escribir en un diario para explorar la empatía fomenta la reflexión y el crecimiento personal, ayudando a practicar la empatía en la vida cotidiana.

- Desarrollar la comunicación y la empatía es un proceso continuo que enriquece tanto las relaciones personales como la comunidad, promoviendo la inteligencia emocional y el crecimiento compartido.

Conclusión

Las emociones desempeñan un papel fundamental en la forma en que vivimos nuestras experiencias, especialmente durante el proceso de crecer y madurar. Para adolescentes y jóvenes adultos, avanzar en el desarrollo personal mientras gestionan emociones complejas puede resultar especialmente desafiante. Este libro está diseñado para ofrecer apoyo y herramientas que ayuden a comprender y manejar las cargas emocionales de manera efectiva. No está pensado solo para quienes atraviesan estas dificultades, sino también para padres, cuidadores, educadores y profesionales del bienestar que desean acompañar y guiar a los jóvenes en el desarrollo de la resiliencia y la inteligencia emocional.

Reconocer y comprender el peso de las cargas emocionales es un primer paso fundamental. Estos sentimientos suelen aparecer de formas inesperadas, influyendo en cómo nos vemos a nosotros mismos y en cómo nos relacionamos con los demás. Reconocerlos nos permite entender que las emociones no son pasajeras, sino fuerzas poderosas que moldean nuestra realidad. Cuando tomamos conciencia de ellas, comenzamos el camino hacia la sanación y el crecimiento. Incluso los pasos más pequeños pueden generar cambios significativos, transformando lo que antes parecía abrumador en partes manejables.

La resiliencia emocional es clave para afrontar los altibajos de la vida. Abarca nuestra capacidad de recuperarnos de los fracasos, adaptarnos a los desafíos y avanzar con energía renovada. Fomentar la resiliencia emocional transforma los obstáculos en oportunidades de desarrollo personal, ya sea frente a exigencias académicas, retos sociales o dificultades personales. Al desarrollar estrategias eficaces y herramientas de afrontamiento, podemos encarar las dificultades con mayor seguridad, sabiendo que la resiliencia nos permite superar cualquier prueba.

La atención plena es otro elemento esencial en la búsqueda del bienestar emocional. Al integrar prácticas como la respiración consciente y la meditación en la vida diaria, podemos reducir el estrés y ganar claridad mental. Estas prácticas nos invitan a permanecer en el presente, soltando juicios y presiones externas. A medida que incorporamos la atención plena , experimentamos una sensación más profunda de calma y una conexión más auténtica con nosotros mismos y con el mundo que nos rodea.

La autoaceptación complementa la atención plena al nutrir una imagen positiva de uno mismo. En un mundo impulsado por la comparación constante, aceptar quiénes somos y valorar nuestras cualidades únicas alivia la duda interna. Comprender que cada persona sigue su propio camino nos ayuda a apreciar nuestra individualidad en lugar de ver las diferencias como defectos. Practicar la autocompasión fomenta la paz interior y una confianza genuina, permitiéndonos silenciar el diálogo interno negativo y celebrar nuestras fortalezas.

Este libro está lleno de reflexiones, ejercicios y estrategias pensadas para ayudar a adolescentes, padres, educadores y profesionales del bienestar a desarrollar resiliencia emocional, practicar la atención plena y abrazar la autoaceptación. Estos elementos interconectados fortalecen la inteligencia emocional y el bienestar general, facilitando el manejo de los desafíos de la vida con propósito y claridad.

El camino que tienes por delante es uno de crecimiento continuo. Adoptar estos principios no significa que los desafíos desaparecerán, pero sí que contarás con las herramientas necesarias para afrontarlos de forma saludable y constructiva. El objetivo final es volverte más fuerte, más consciente de ti mismo y capaz de vivir una vida alineada con tus valores y aspiraciones. Emprendamos este viaje juntos, desbloqueando el potencial interior para crecer y florecer en un mundo en constante cambio.

Educación financiera para la independencia

Comprender los principios financieros es un paso fundamental para ganar tranquilidad y confianza al manejar tu dinero.

Mejorar nuestra comprensión de las finanzas es importante para alcanzar paz interior. Entramos en el mundo del dinero, donde cada decisión puede darte tranquilidad o provocarte ansiedad. Imagínate sintiéndote con poder y seguridad al hablar de finanzas y siendo capaz de manejar gastos inesperados. Este capítulo presenta aspectos fundamentales de educación financiera y nos ofrece herramientas esenciales para movernos con más facilidad por las complejidades de la gestión del dinero. Al aprender conceptos como ingresos, activos y deudas, podemos redefinir nuestra relación con el dinero y avanzar hacia un futuro más estable y satisfactorio.

ENTENDER LOS CONCEPTOS FINANCIEROS BÁSICOS

Comprender los conceptos financieros fundamentales es esencial para los jóvenes que quieren manejar bien su dinero. En el centro de la educación financiera está el entendimiento de términos clave como ingresos, gastos, activos y pasivos. Estos conceptos son la base para tomar decisiones financieras informadas. Por ejemplo, saber cómo llevar un registro de tus ingresos es una herramienta muy poderosa. Los ingresos no se limitan solo a tu sueldo; incluyen varios tipos, como ingresos ganados, ingresos pasivos e ingresos de cartera. *Ingresos Ganados* es el dinero que obtienes a través de tu trabajo o de los servicios que prestas, mientras que los *Ingresos Pasivos* son el dinero que recibes sin trabajar de forma activa en lo que lo genera. Una persona puede hacer cierto esfuerzo al principio, pero después de ese esfuerzo inicial, ese ingreso llega con regularidad y solo requiere un esfuerzo mínimo para mantener el proyecto que lo produce. *Ingresos de Cartera* incluye las ganancias por dividendos e intereses obtenidos en distintos tipos de cuentas, como las de ahorro, o las plusvalías de tus inversiones. Entender estos diferentes tipos de ingresos te ayuda a crear un presupuesto más completo, que te permita no solo manejar tus finanzas, sino también prepararte para un éxito financiero a largo plazo.

Entender tus gastos significa saber dónde y cómo sale tu dinero de tu bolsillo. Los gastos se pueden agrupar, en términos generales, en tres tipos: fijos, variables y discrecionales, lo que te ayuda a priorizar en qué gastar. Los gastos fijos son los que no cambian cada mes, como la renta o la hipoteca; se mantienen constantes durante largos periodos de tiempo. Los gastos variables son los que cambian de un mes a otro; por ejemplo, el monto del supermercado suele variar cada mes. Los gastos discrecionales son las cosas no esenciales que eliges comprar, como una suscripción a Netflix.

Los activos y los pasivos son conceptos importantes cuando se trata de manejar tu dinero. Los activos son cosas que tienes y que tienen valor. Esto puede incluir tu auto, el dinero en tu cuenta de ahorros o inversiones como acciones o bonos. Los activos te ayudan a construir tu patrimonio y pueden aumentar tu seguridad financiera. Algunos activos, como una casa o una propiedad en renta, también pueden generar dinero extra con el tiempo.

Los pasivos son lo que debes, como préstamos, deudas de tarjeta de crédito o una hipoteca. Son cantidades que tendrás que devolver más adelante. Los pasivos sacan dinero de tu bolsillo, lo que reduce tu patrimonio. Es importante manejar bien tus deudas, porque tener demasiadas puede volverse difícil de controlar. La meta es hacer crecer tus activos mientras reduces lo que debes siempre que puedas.

La educación financiera refuerza la confianza al hablar de dinero y alivia en gran medida la ansiedad relacionada con las finanzas. Aunque al principio las conversaciones abiertas sobre dinero puedan parecer intimidantes, tener una base sólida de conceptos financieros permite a las personas participar con más comodidad y seguridad. Temas como hacer un presupuesto, invertir y ahorrar se pueden tratar con amigos o con personas asesoras de forma más sencilla y productiva. Estos temas se desarrollarán con más detalle en la siguiente sección.

ESTRATEGIAS DE PRESUPUESTO Y AHORRO

Aprender a manejar el dinero es una de las habilidades más importantes que puedes desarrollar en la adolescencia. Puede que ahora no lo notes, pero las decisiones que tomas con tu dinero hoy van a influir en tu futuro financiero. Ya sea que estés ahorrando para un celular nuevo, un viaje o simplemente empezando a administrar tus ingresos, el presupuesto es la clave para sacarle el máximo provecho a tu dinero. A continuación verás un desglose de cómo puedes acercarte al presupuesto, junto con algunos ejemplos que conectan con lo que estás viviendo ahora mismo.

- **Deseos:** Son cosas o servicios no esenciales que mejoran tu calidad de vida, pero no son necesarios para sobrevivir. Algunos ejemplos son artículos de lujo, entretenimiento o salir a comer.
- **Necesidades** Son los requerimientos esenciales para la supervivencia y el bienestar. Suelen incluir comida, vivienda, ropa, atención médica y educación.
- **Inversiones:** Las inversiones son activos que compras con la expectativa de ganar un retorno o que aumenten su valor con el

tiempo. Esto puede incluir acciones, bienes raíces, bonos y fondos mutuos. Invertir ayuda a hacer crecer tu dinero y a construir estabilidad financiera para tu futuro.

- **Ahorros:** Ahorrar significa apartar dinero para usarlo más adelante, normalmente en una cuenta segura y de fácil acceso. Puede incluir un fondo de emergencia, ahorros para el retiro o dinero para metas específicas como viajar o estudiar. Los ahorros son clave para tu seguridad financiera y te ayudan a cubrir gastos inesperados.

Necesidades

VIVIENDA (25%-35%)

Los gastos de vivienda suelen relacionarse con la renta o el costo de vivir. Como adolescente, puede que aún no pagues renta, pero si aportas a los gastos de casa o tu situación requiere que ayudes, es buen momento para empezar a considerarlo.

EJEMPLO

Si ayudas a tus padres con los gastos del hogar o pagas tu propio cuarto, intenta destinar entre el 25% y el 35% de tus ingresos. Por ejemplo:

- Si ganas $500 al mes, podrías aportar entre $125 y $175 para los gastos del hogar.

SEGURO (10%-20%)

El seguro te protege de gastos inesperados, como atención médica o reparaciones del auto. Como adolescente, quizá todavía no pagues tu propio seguro médico o de auto, pero puedes contribuir al de tu familia, o necesitar uno para tu propio vehículo si ya manejas.

EJEMPLO

Imagina que tienes un trabajo de medio tiempo y ganas $500 al mes.

Deberías considerar apartar entre el 10% y el 20% para el seguro.

- $50 a $100 podrían destinarse a tu seguro de auto o tu seguro médico.

COMIDA (10%-15%)

Los gastos de comida incluyen víveres, snacks y salir a comer. Como adolescente, es fácil gastar de más si comes fuera muy seguido. Pero con un poco de organización, puedes disfrutar la comida sin salirte de tu presupuesto.

EJEMPLO

Si destinas entre el 10% y el 15% de tus ingresos a comida, podría verse así:

- Si ganas $500 al mes, tendrías entre $50 y $75 para víveres o comida para llevar.
- Puedes planear tus comidas de la semana, cocinar en casa y ahorrar para esos fines de semana en los que quieras salir a comer con amigos.

TRANSPORTE (10%-15%)

Los gastos de transporte incluyen cualquier costo relacionado con moverte de un lugar a otro, como gasolina, pasajes de autobús o pases de transporte público. Si aún no manejas, quizá solo necesites una tarjeta de bus o metro, pero aun así es importante presupuestarlo.

EJEMPLO

Destina entre el 10% y el 15% de tus ingresos al transporte.

- Si ganas $500 al mes, aparta entre $50 y $75 para transporte.
- Si usas transporte público, un pase mensual puede entrar en ese rango. Si tienes auto, ese dinero puede servir para gasolina o mantenimiento.

GASTOS MÉDICOS (5%-10%)

Los gastos médicos incluyen cosas como visitas al médico, medicamentos de venta libre e incluso membresías de gimnasio. Cuidar tu salud es importante, y tener un presupuesto para estos gastos te asegura estar cubierto cuando lo necesites.

EJEMPLO

Aparta entre el 5% y el 10% para gastos médicos.

* Si ganas $500, eso serían $25–$50 para cubrir cualquier gasto de salud.

AHORROS (10%-15%)

Ahorrar dinero es clave para tu futuro. Destinar una parte de tus ingresos a ahorros te ayuda a crear un colchón financiero que puede servirte en emergencias o para metas importantes como la universidad o un auto.

EJEMPLO

Intenta ahorrar entre el 10% y el 15% de tus ingresos. Por ejemplo:

* Si ganas $500 al mes, intenta ahorrar entre $50 y $75.
* Este dinero puede ayudarte a crear un fondo de emergencia o destinarlo a una meta específica, como un celular nuevo o un viaje futuro con amigos.

Deseos

GASTOS PERSONALES (5%-10%)

Los gastos personales incluyen cualquier cosa que te haga sentir bien o que te ayude a cuidarte, como ropa, artículos de cuidado personal o entretenimiento.

EJEMPLO

Destina entre el 5% y el 10% de tus ingresos a gastos personales.

- Si ganas $500 al mes, puedes usar entre $25 y $50 en cosas como ropa nueva o un corte de cabello.

RECREACIÓN (5%-10%)

La recreación incluye actividades divertidas como ir al cine, salir con amigos o asistir a eventos. Tener un presupuesto para el entretenimiento te permite disfrutar sin sentir culpa por gastar dinero.

EJEMPLO

Aparta entre el 5% y el 10% para recreación.

- $25-$50 de tus $500 mensuales pueden destinarse a actividades como películas, conciertos o paseos de fin de semana.

DONACIONES (10%-15%)

Contribuir a tu comunidad o apoyar causas que te importan es una parte importante de la responsabilidad financiera. No tiene que ser una cantidad grande, pero apartar un poco para donar o ayudar es un excelente hábito a adquirir.

EJEMPLO

Si destinas entre el 10% y el 15% a donaciones, serían $50-$75 de tus $500 mensuales.

- Puedes donar a una organización local o incluso usarlo para ayudar a un amigo que lo necesite.

ROPA (2%-5%)

Los gastos de ropa incluyen comprar prendas nuevas, zapatos o accesorios. La ropa puede ser un deseo o una necesidad según la intención de la compra.

Si necesitas ropa porque la tuya ya no te queda o no es adecuada para ciertos eventos, es una necesidad. Si compras ropa solo porque quieres una marca nueva como Nike, es un deseo. Aquí puedes reducir gastos comprando con estrategia y aprovechando ofertas o descuentos.

EJEMPLO

Destina entre el 2% y el 5% a ropa.

- Si ganas $500, eso serían $10–$25 para ropa o zapatos nuevos.

Al empezar a presupuestar desde temprano, desarrollarás hábitos financieros sólidos que te prepararán para un futuro estable y exitoso. Hacer un presupuesto no se trata solo de limitar tus gastos, sino de tomar decisiones inteligentes e intencionales con tu dinero para disfrutar tu vida ahora mientras te preparas para lo que viene.

Consejos para ahorrar dinero

Ahorrar dinero durante la adolescencia puede ser sencillo. Se trata de tomar decisiones de gasto informadas sin dejar de disfrutar tu juventud. Ya sea que uses efectivo para compras pequeñas o aproveches los descuentos estudiantiles, estas estrategias fortalecerán tus habilidades de manejo financiero y te ayudarán a ahorrar para tus metas futuras. Veamos algunos métodos prácticos para empezar.

- **Usa efectivo para compras esenciales**
  Pagar con efectivo por artículos necesarios te ayuda a controlar mejor tus gastos, porque entregar el dinero físicamente se siente más real que usar una tarjeta.

  EJEMPLO Retira una cantidad fija de efectivo al inicio de la semana para lo esencial, como comida, transporte o compras pequeñas. Cuando se acabe ese dinero, no podrás hacer más compras.

- **Revisa tu presupuesto constantemente**
  Revisar tu presupuesto de forma regular te mantiene responsable y te permite ajustar cualquier cambio en ingresos o gastos, además de mostrarte áreas donde puedes ahorrar.

  EJEMPLO Al final de cada semana o mes, evalúa tus gastos para ver si cumpliste tu presupuesto o te pasaste en alguna categoría. Ajusta tu presupuesto del próximo mes según lo que encuentres.

- **Cancela suscripciones que no uses**
  Las suscripciones sin usar pueden agotar tu dinero sin que lo notes. Cancelarlas libera recursos para gastos esenciales o ahorros.

  EJEMPLO Si no estás usando un servicio de suscripción, cancélalo. Esos $10–$15 adicionales al mes pueden aumentar tus ahorros o ayudarte con una necesidad más importante.

- **Crea un «fondo para diversión»**
  Tener un fondo designado te permite ahorrar específicamente para compras divertidas o no esenciales sin afectar tu presupuesto.

  EJEMPLO Aparta $20 al mes para tu «fondo de diversión» y úsalo para para ir a conciertos, ir al cine o de compras. Cuando alcances tu meta, disfruta sin culpa ni presión financiera.

- **Descubre opciones gratuitas para divertirte**
  Participar en actividades gratuitas te hace pasarla bien sin afectar tus finanzas.

  EJEMPLO En lugar de gastar en entretenimiento, busca eventos comunitarios gratuitos, parques locales o bibliotecas cercanas. Puedes organizar una noche de juegos o una cena compartida con amigos en lugar de salir a comer.

- **Limita las compras impulsivas**
  Las compras impulsivas pueden descontrolar tu presupuesto, especialmente cuando surgen por aburrimiento o estrés. Poner límites te ayuda a mantenerte estable financieramente.

  > **EJEMPLO** Antes de comprar, crea una lista detallada de lo que realmente necesitas y define un tope de gasto. Si sientes ganas de comprar algo por impulso, tómate un momento para evaluar si de verdad es necesario y así mantener tu presupuesto.

- **Ahorra bonos o ingresos inesperados**
  El dinero extra de regalos, bonos o mesadas es una excelente oportunidad para ahorrar sin afectar tu presupuesto regular.

  > **EJEMPLO** Si recibes un regalo de $50, considera ahorrar $40 y usar $10 para darte un pequeño gusto.

- **Usa un sistema de sobres en efectivo**
  Este método consiste en asignar montos específicos en efectivo dentro de sobres etiquetados para categorías como comida, entretenimiento y transporte.

  > **EJEMPLO** Empieza la semana con $100 y divídelos en tres sobres: $50 para comida, $30 para transporte y $20 para entretenimiento. Cuando se acabe el dinero de un sobre, espera hasta la siguiente semana para gastar en esa categoría.

- **Cocina en casa en lugar de comer fuera**
  Preparar tus comidas suele ser mucho más económico que comer en restaurantes o pedir comida.

  > **EJEMPLO** En vez de gastar $10 diarios en comida rápida, preparar tu almuerzo en casa podría costarte solo $3–$4. Esto

puede significar más de $30 de ahorro por semana, dinero que puedes destinar a tus ahorros o a otras necesidades.

- **Establece metas financieras para distintos plazos**
  Definir metas financieras a corto y largo plazo te da dirección y ayuda a evitar gastos innecesarios.

  > **EJEMPLO Meta a corto plazo:** Ahorra $100 para una salida divertida con amigos dentro del próximo mes.
  > **Meta a largo plazo:** Junta $500 en seis meses para comprar un teléfono nuevo.

- **Revisa tu saldo bancario con frecuencia**
  Mantener un seguimiento de tu cuenta bancaria evita sorpresas y cargos por sobregiro.

  > **EJEMPLO** Usa una aplicación bancaria para revisar tu saldo cada pocos días. Si tu dinero empieza a bajar, considera retrasar compras no esenciales hasta que tengas más disponible.

- **Resiste la presión social para gastar**
  La influencia social puede motivar gastos innecesarios, pero mantenerte fiel a tu presupuesto y a tus metas financieras te ayuda a evitar estas trampas.

  > **EJEMPLO** Si tus amigos quieren ir a un concierto costoso que no puedes pagar, explica tu situación con amabilidad y propone opciones más económicas o gratuitas.

- **Aprovecha los descuentos para estudiantes**
  Muchos comercios y plataformas en línea ofrecen descuentos a estudiantes. Aprovecharlos puede reducir significativamente tus gastos en artículos esenciales o deseados.

> **EJEMPLO** Muestra tu credencial estudiantil en tiendas y restaurantes para obtener descuentos. Servicios de streaming y empresas de tecnología suelen ofrecer precios especiales para estudiantes que pueden disminuir tus gastos mensuales.

Adoptar estos enfoques puede mejorar mucho tu salud financiera. Al ser consciente de tus hábitos de gasto y tomar decisiones informadas, puedes ahorrar de forma efectiva mientras disfrutas tu vida. Ya sea con un fondo de diversión o aprovechando descuentos, pequeños ajustes pueden generar un crecimiento financiero importante.

FIJACIÓN DE METAS FINANCIERAS

Establecer y alcanzar metas financieras juega un papel esencial en lograr independencia económica. Estas metas funcionan como un mapa que guía a las personas hacia un futuro financiero seguro y próspero. Aprender a identificar, planificar y monitorear estas metas garantiza un enfoque claro y ayuda a mantenerse encaminado hacia la estabilidad financiera a largo plazo.

Identificar metas financieras marca el inicio del camino hacia la educación financiera. Es importante distinguir entre objetivos a corto y largo plazo, ya que esta diferencia ayuda a aclarar prioridades y mantener el enfoque. Las metas a corto plazo pueden incluir ahorrar para unas vacaciones o un dispositivo, mientras que las aspiraciones a largo plazo podrían involucrar comprar una casa o planificar la jubilación. Cada tipo de meta requiere estrategias y tiempos distintos. Por ejemplo, para un objetivo a corto plazo, puedes usar una cuenta de ahorros por su acceso rápido y bajo riesgo. En cambio, las metas a largo plazo pueden involucrar inversiones como acciones o bonos, que suelen ofrecer mayores rendimientos con el tiempo, pero con más riesgo.

Al establecer metas, también es fundamental que sean realistas. No tiene sentido proponerse ahorrar una cantidad que tu ingreso actual no puede sostener. Entender lo que es alcanzable mantiene la motivación y evita frustraciones. Asegurar que tus metas sean relevantes te ayuda a mantenerlas alineadas con tus valores y tu visión a largo plazo, facilitando decisiones como priorizar el pago de deudas sobre compras de lujo. Por último, fijar metas con un plazo definido crea un sentido de urgencia, lo que fomenta el esfuerzo constante y evita la procrastinación. Esta estructura temporal también permite revisiones y ajustes regulares, promoviendo responsabilidad por el progreso (*Metas SMART*, s. f.).

Una vez que identificas tus metas y aplicas los criterios SMART, desarrollar un plan de acción se vuelve esencial. Esto implica dividir aspiraciones más grandes en tareas pequeñas y manejables. Por ejemplo, si tu meta es viajar al extranjero, un plan de acción incluiría pasos como fijar objetivos de ahorro mensuales, investigar costos, reservar con anticipación y ajustar tus hábitos de gasto. Estas acciones concretas hacen que metas que parecen grandes se sientan más alcanzables.

Un plan financiero accionable también incluye crear un presupuesto para seguir tus ingresos y gastos en relación con cada meta. Presupuestar permite tomar decisiones intencionales sobre gastar, ahorrar e invertir, asegurando que cada elección financiera contribuya a tus objetivos. Considera usar herramientas como hojas de cálculo o aplicaciones diseñadas para categorizar gastos y visualizar tu progreso. Monitorear tu presupuesto constantemente refuerza la responsabilidad, fomenta la disciplina y aumenta las probabilidades de éxito.

Para mantener el progreso, el monitoreo regular es clave. Implica evaluar qué tan bien estás siguiendo tu plan y cumpliendo tus objetivos intermedios. Revisar tu avance con frecuencia te permite identificar áreas que necesitan ajustes, ya sea afinando tu plan de ahorro o reevaluando decisiones de inversión. Esta atención continua mantiene la disciplina, previene estancamientos y asegura un avance constante hacia tus metas financieras.

Además, mantener responsabilidad es fundamental para lograr tus metas. Compartir tus objetivos con un amigo de confianza o un asesor financiero puede darte motivación y apoyo extra. Tener a alguien con quien rendir cuentas ofrece impulso externo para mantenerte comprometido, y también puede aportar sugerencias útiles cuando las necesites.

También es importante celebrar tus logros en el camino. Reconocer cuando alcanzas un hito o cumples una meta mejora tu ánimo y fomenta una actitud positiva para seguir avanzando. Cada celebración marca progreso y recuerda lo que la disciplina financiera puede lograr. Ya sea un pequeño premio o un reconocimiento más especial, celebrar tus victorias mantiene la motivación alta.

Evitar errores comunes es igual de importante. Muchas veces, las personas se frustran al fijar metas poco realistas sin considerar su situación financiera actual. Para evitar esto, es esencial revisar primero tu presupuesto y empezar con metas alcanzables. Establecer hitos pequeños crea una base sólida para avanzar gradualmente hacia objetivos más ambiciosos.

Tener un plan claro es indispensable. Sin una ruta de acción, incluso las mejores metas pueden quedarse estancadas. Define estrategias y considera posibles obstáculos para mantener flexibilidad sin desviarte del objetivo. Registrar tu progreso mediante distintas herramientas, ya sea apps o cuadernos, garantiza alineación con tus aspiraciones y te permite reconocer dificultades a tiempo.

Existen numerosas herramientas para ayudarte a seguir y gestionar tus metas financieras. Apps y plataformas en línea ofrecen recordatorios, gráficos de progreso e información personalizada, lo que simplifica el proceso y aumenta la motivación. Estos recursos brindan una visualización clara de tu avance, ayudándote a mantenerte organizado y a hacer ajustes cuando sea necesario. Al ofrecer actualizaciones en tiempo real, te permiten mantener el enfoque y adaptarte, asegurando que avances de manera constante hacia tus objetivos financieros.

EVITAR LAS TRAMPAS DE LA DEUDA

Comprender la deuda es una parte esencial de la educación financiera, porque te permite tomar decisiones de préstamo informadas que son clave para mantener la independencia económica. La deuda puede presentarse de distintas formas, cada una con sus propias características y consecuencias. Por ejemplo, los préstamos estudiantiles suelen tener tasas de interés más bajas y opciones de pago flexibles, lo que los hace más manejables en comparación con la deuda de tarjetas de crédito, que normalmente tiene intereses altos y fuertes penalizaciones por pagos atrasados. Las hipotecas, o préstamos para vivienda, son otro tipo de deuda, generalmente vista como más estable debido a que están respaldadas por una propiedad. Sin embargo, requieren entender bien los compromisos a largo plazo y cómo se acumulan los intereses con el tiempo. Reconocer estas diferencias ayuda a abordar los préstamos con mayor claridad y planificación.

La deuda de alto interés, especialmente la de tarjetas de crédito, puede convertirse en una gran carga si no se gestiona bien. Las tarjetas suelen atraer con la idea de comprar ahora y pagar después, pero esta comodidad tiene un costo alto si no se liquida el saldo completo cada mes. Ser consciente del impacto de este tipo de deuda es clave para tomar mejores decisiones financieras. Por ejemplo, entender que los pagos mínimos cubren principalmente intereses y no reducen la deuda principal es fundamental. Esta realidad motiva a buscar soluciones alternativas, como consolidar deudas o buscar opciones de financiamiento con intereses más bajos. Los préstamos de consolidación, por ejemplo, permiten combinar varias deudas en un solo plan de pago, a menudo con una tasa menor, simplificando el proceso.

Aplicar estrategias prácticas de manejo de deuda es clave para priorizar los pagos y lograr estabilidad financiera. Crear un plan detallado de pago es una estrategia efectiva. Esto implica listar todas las deudas existentes junto con sus tasas de interés y pagos mensuales. Con esta información, enfocarse primero en las deudas de alto interés —lo que se conoce como el método «avalancha»— puede ahorrar dinero a largo plazo al reducir los intereses totales. Automatizar los pagos asegura consistencia y evita atrasos, que pueden generar cargos adicionales y afectar tu puntaje crediticio.

Otra estrategia útil es el método «bola de nieve», en el que se pagan primero las deudas más pequeñas para generar impulso. Esta victoria psicológica aumenta la motivación y ayuda a mantener el compromiso con el plan de pago. Destinar fondos extra o ingresos inesperados, como reembolsos de impuestos o bonos, directamente al pago de deudas acelera el camino hacia estar libre de deudas. Es fundamental vigilar de cerca los hábitos de gasto, reduciendo los gastos innecesarios para alinearlos con tus metas financieras.

Desarrollar buenos hábitos de crédito también es vital para reducir costos de financiamiento y abrir futuras oportunidades. Un buen puntaje crediticio es clave en este proceso y se determina por factores como tu historial de deuda, tu comportamiento de pago y tu proporción de utilización de crédito. Mantener un buen puntaje permite acceder a mejores tasas de interés y condiciones de préstamo. Acciones simples como mantener bajos los saldos de tarjetas, pagar puntualmente y evitar líneas de crédito innecesarias pueden mejorar tu puntaje. Incluso después de liquidar deudas, revisar tu reporte de crédito con regularidad ayuda a detectar errores o señales de robo de identidad que puedan afectar tu situación financiera.

Usar herramientas de automatización, apps de presupuesto o plataformas financieras en línea puede reforzar estos conceptos al mantenerte organizado y comprometido con tus metas. Estas herramientas ofrecen análisis detallados de tus gastos y alertas en tiempo real, ayudándote a evitar el exceso de gasto, una causa común de endeudamiento. Además, los servicios de asesoría crediticia brindan orientación personalizada para quienes necesitan ayuda para manejar mejor sus finanzas.

Ser proactivo en el manejo de deudas y desarrollar hábitos de crédito sólidos abre el camino hacia un futuro financiero seguro. Con conocimiento y estrategias claras, puedes tomar decisiones informadas, reducir la dependencia de préstamos y aumentar tus oportunidades de construir patrimonio (*Puntos clave*, s. f.; Morgan, 2024).

IMPORTANCIA DE LA EDUCACIÓN FINANCIERA

La necesidad de educación financiera nunca ha sido tan importante, especialmente para los niños mientras aprenden a desenvolverse en sistemas financieros cada vez más complejos. Es esencial que educadores y padres fomenten la alfabetización financiera desde una edad temprana, ya que esto les brinda el conocimiento y las habilidades necesarias para tomar decisiones informadas en el futuro. Con el aumento del acceso al crédito y a oportunidades de inversión, las personas enfrentan numerosas decisiones que pueden afectar su bienestar financiero. La educación financiera establece la base para esta comprensión, empoderando a los niños a tomar decisiones con confianza y promoviendo seguridad e independencia económica a lo largo de sus vidas.

La educación financiera aumenta la conciencia sobre técnicas esenciales de manejo del dinero. Comprender los fundamentos del presupuesto, el ahorro, la inversión y el manejo de deudas brinda herramientas clave para tomar decisiones financieras informadas. Por ejemplo, dominar el arte de crear y seguir un presupuesto permite a las personas gestionar sus ingresos de manera efectiva, asegurando que puedan cubrir necesidades inmediatas y, al mismo tiempo, ahorrar para metas futuras. Este conocimiento básico puede prevenir errores comunes asociados con una mala gestión del dinero, como acumular deudas innecesarias o no ahorrar para emergencias.

La educación financiera promueve comportamientos y decisiones financieras responsables. Entender principios como tasas de interés, inflación y gestión del riesgo ayuda a evaluar las posibles consecuencias de una decisión financiera. Las personas con conocimientos financieros están mejor preparadas para analizar los pros y los contras de asumir una deuda, invertir en ciertos activos o hacer compras importantes. Esta capacidad de discernimiento es esencial para desarrollar hábitos positivos que conduzcan a un futuro económico estable.

Uno de los principales beneficios de aumentar el conocimiento financiero es la confianza que brinda al manejar las finanzas. Muchas personas se sienten abrumadas por la complejidad de las finanzas personales, lo que puede generar ansiedad y estrés. Sin embargo, cuando alguien comprende los conceptos financieros, se siente más capacitado para administrar su dinero y tomar control de su futuro. También es más probable que adopte hábitos proactivos como revisar sus estados financieros regularmente, comparar productos financieros antes de comprarlos y buscar asesoría cuando sea necesario.

La educación continua y la capacidad de adaptarse a cambios financieros son vitales para mejorar la alfabetización financiera. El panorama económico cambia constantemente debido a los avances tecnológicos, regulaciones nuevas y fluctuaciones globales. Por ello, mantenerse actualizado es clave para conservar la estabilidad financiera. Por ejemplo, el auge de la banca digital y las criptomonedas ha introducido nuevas oportunidades y riesgos que requieren análisis cuidadoso. Comprometerse con el aprendizaje continuo permite anticipar y adaptarse mejor a estos cambios, manteniendo la resiliencia financiera.

La educación financiera también genera beneficios más allá del ámbito individual, contribuyendo al bienestar social. Una población financieramente alfabetizada es más propensa a participar en comportamientos que impulsan el crecimiento económico y la estabilidad. Por ejemplo, quienes entienden de finanzas suelen ahorrar para su jubilación, reduciendo la presión sobre los sistemas públicos de pensiones. También tienden a invertir en negocios e innovaciones, impulsando el desarrollo económico y la creación de empleo. Una sociedad que valora la educación financiera crea un entorno donde las personas se sienten respaldadas en sus metas económicas, lo que disminuye la desigualdad y aumenta la movilidad social.

El impacto positivo de la educación financiera está bien documentado. Estudios muestran que participar en programas de alfabetización financiera genera mejores resultados económicos, como mayores tasas de ahorro, menor nivel de deudas y mayor participación en planes de jubilación (*Beneficios de la educación financiera,* s. f.). Estos beneficios destacan la importancia de integrar la educación financiera en distintos ámbitos, como escuelas, lugares de trabajo y programas comunitarios. Asegurar que la educación financiera sea accesible e inclusiva permite que personas de distintos contextos adquieran las habilidades necesarias para lograr independencia económica.

La implementación de iniciativas de educación financiera debe ser una prioridad para gobiernos, instituciones educativas y organizaciones. Padres y educadores pueden contribuir de manera significativa al desarrollo y apoyo de estos programas mediante su participación activa. Los programas diseñados para grupos específicos, como adolescentes y jóvenes adultos, pueden abordar los retos y oportunidades propios de cada etapa. Por ejemplo, programas dirigidos a jóvenes adultos podrían cubrir temas como gestionar préstamos estudiantiles, entender los puntajes de crédito y planificar metas financieras a largo plazo. Involucrar a los padres en conversaciones sobre educación financiera y motivar a los educadores a incluir estos temas en el currículo crea un entorno de apoyo. Estas estrategias enfocadas ayudan a que la educación financiera sea relevante y efectiva.

Además, aprovechar la tecnología puede ampliar el alcance y la eficacia de la educación financiera. Plataformas en línea, aplicaciones y herramientas interactivas ofrecen formas atractivas y accesibles de aprender sobre finanzas personales. Estos recursos pueden brindar retroalimentación personalizada y simular escenarios financieros reales, permitiendo que los usuarios practiquen la toma de decisiones en un entorno de bajo riesgo. Usar la tecnología hace que la educación financiera sea más dinámica y adecuada a las necesidades de cada persona.

CÓMO LA TECNOLOGÍA AYUDA A LOS ADOLESCENTES A APRENDER SOBRE DINERO

La alfabetización financiera es una de las habilidades más importantes que un adolescente puede desarrollar, pero rara vez recibe la atención necesaria en la educación tradicional. A medida que los jóvenes empiezan a ganar dinero con trabajos de medio tiempo o reciben mesadas, enfrentan decisiones financieras reales sin tener el conocimiento para manejarlas. Afortunadamente, la tecnología está llenando ese vacío. Los adolescentes de hoy tienen acceso a una gran variedad de herramientas—como aplicaciones móviles y calculadoras interactivas—que hacen que aprender sobre dinero sea más fácil, atractivo, personalizado y hasta divertido. Estas herramientas les permiten desarrollar hábitos financieros sólidos desde temprano, sentando las bases para tomar decisiones seguras e informadas en la adultez.

EveryDollar

EveryDollar es una aplicación de presupuesto basada en el método de presupuesto de base cero, donde cada dólar que ganas se asigna a un propósito específico. Diseñada para fomentar una planificación financiera activa, la app es sencilla: los adolescentes ingresan cuánto dinero tienen—ya sea de un trabajo, una mesada o un regalo—y luego lo distribuyen en categorías como ahorro, gastos y donaciones. La app muestra cuánto se ha planificado versus cuánto se ha gastado realmente, motivando a hacer ajustes cuando sea necesario. La versión con ingreso manual es gratuita, mientras que la versión premium se conecta a cuentas bancarias y registra transacciones automáticamente.

BENEFICIOS

- enseña el concepto de presupuesto de base cero y el uso intencional del dinero
- aumenta la conciencia sobre a dónde va el dinero y cómo planificar gastos
- fomenta la toma de decisiones al ayudar a los adolescentes a priorizar sus gastos
- refuerza la responsabilidad financiera y la disciplina con el tiempo
- ofrece práctica real para manejar y ajustar un presupuesto mensual

Zogo

Zogo es una aplicación de educación financiera diseñada específicamente para adolescentes y jóvenes adultos. Divide temas financieros complejos—como presupuesto, crédito, inversión e impuestos—en lecciones cortas y gamificadas. Cada tema se enseña mediante módulos seguidos de cuestionarios. Al completar módulos, los usuarios ganan «piñas», que pueden canjear por tarjetas de regalo. Con su sistema interactivo y basado en recompensas, Zogo mantiene a los usuarios motivados mientras aprenden.

BENEFICIOS

- cubre una amplia variedad de temas financieros en un formato atractivo
- favorece la retención con cuestionarios cortos y retroalimentación instantánea

- hace que la educación financiera sea divertida y accesible para todos los niveles
- refuerza conceptos clave mediante repetición e incentivos de gamificación
- desarrolla comprensión real sobre temas de dinero que los adolescentes enfrentarán

YNAB (You Need A Budget)

YNAB es una aplicación de presupuesto que se enfoca en una planificación financiera con visión a futuro. En lugar de presupuestar por mes, YNAB enseña a crear un presupuesto solo con el dinero disponible en el momento, fomentando asignar fondos con intención. La app ofrece videos educativos, talleres y recursos para ayudar a los adolescentes a desarrollar hábitos inteligentes. YNAB enfatiza la flexibilidad y el control: si alguien se pasa en una categoría, aprende a ajustar moviendo dinero desde otra.

BENEFICIOS

- promueve un presupuesto adaptable y en tiempo real
- refuerza la priorización y la adaptación a necesidades cambiantes
- fomenta la conciencia financiera mediante decisiones prácticas
- incluye recursos educativos integrados para una comprensión más profunda
- desarrolla hábitos proactivos y pensamiento a largo plazo

GoHenry

GoHenry combina una tarjeta de débito prepago para adolescentes con una app de educación financiera. Los padres pueden cargar dinero en la tarjeta y asignarlo a diferentes propósitos, como gastos, ahorro o donaciones. Los adolescentes usan la app para administrar su dinero y completar «misiones de dinero» sobre presupuesto, ahorro y responsabilidad financiera. Los padres reciben actualizaciones en tiempo real y pueden establecer límites de gasto, permitiendo independencia guiada.

BENEFICIOS

- combina práctica real con módulos educativos integrados
- enseña conceptos básicos de ganar, ahorrar y presupuestar
- proporciona un entorno seguro para aprender de las decisiones financieras
- fomenta responsabilidad e independencia financiera
- abre la puerta a conversaciones familiares estructuradas sobre dinero

Bankaroo

Bankaroo es una app de banca virtual que permite a niños y adolescentes simular la gestión del dinero. Les permite llevar un registro de ingresos virtuales, crear presupuestos y asignar dinero a distintas metas de ahorro. Como no involucra dinero real, ofrece un entorno de baja presión para desarrollar habilidades financieras básicas. Padres o maestros pueden agregar depósitos virtuales, y los adolescentes registran «compras» para reflejar gastos.

BENEFICIOS

- enseña conceptos financieros básicos en un espacio seguro y controlado
- fomenta el ahorro, la planificación y el presupuesto sin riesgo real
- desarrolla confianza temprana en conceptos de manejo del dinero
- ideal para preadolescentes que comienzan a entender las finanzas
- promueve independencia y pensamiento orientado a metas

HowTheMarketWorks

HowTheMarketWorks es una plataforma de simulación del mercado de valores que permite a adolescentes invertir dinero virtual en mercados reales. Los usuarios reciben un portafolio ficticio—generalmente de $100,000—para comprar y vender acciones, crear estrategias y seguir su rendimiento. La plataforma incluye lecciones sobre inversión, manejo de riesgos, diversificación e indicadores económicos. Es ampliamente usada en escuelas y clubes de inversión para enseñar los fundamentos del trading y el crecimiento a largo plazo.

BENEFICIOS

- demuestra cómo funciona la inversión mediante simulación
- enseña toma de riesgos, estrategia y análisis del mercado sin pérdidas reales
- fomenta el pensamiento crítico y la conciencia económica
- apoya el aprendizaje mediante experimentación y reflexión
- ayuda a explorar la inversión antes de usar dinero real

NerdWallet's Credit Score Simulator

El simulador de puntaje crediticio de NerdWallet permite ver cómo distintas acciones—como pagar deudas, atrasarse en un pago u abrir una tarjeta de crédito—afectarían un puntaje crediticio. Aunque los adolescentes quizá aún no tengan historial crediticio, esta herramienta les ayuda a entender cómo su comportamiento financiero influirá en su capacidad futura de obtener crédito. Es interactiva y visual, mostrando cambios estimados según decisiones simuladas.

BENEFICIOS

- explica cómo se calculan y se influyen los puntajes crediticios
- ayuda a entender las consecuencias de comportamientos relacionados con préstamos

- construye conocimiento antes de ingresar al sistema crediticio
- fomenta hábitos saludables como pagar a tiempo y evitar deudas innecesarias
- ofrece una forma segura de explorar cómo funciona el crédito

Goodbudget

Goodbudget es una app de presupuesto con sobres digitales que ayuda a planificar y seguir los gastos. En lugar de vincularse directamente a cuentas bancarias, los usuarios asignan fondos manualmente a «sobres» virtuales para categorías como víveres, renta o entretenimiento. Este método fomenta el gasto intencional y una planificación financiera proactiva.

BENEFICIOS

- enseña un presupuesto disciplinado basado en categorías mediante el método de sobres
- fomenta un gasto consciente al requerir que las transacciones se ingresen manualmente
- facilita presupuestos compartidos entre familiares o parejas
- ofrece una interfaz clara y sencilla sin distracciones innecesarias
- ayuda a priorizar gastos según valores y metas personales

PocketGuard

PocketGuard es una app de presupuesto diseñada para simplificar el manejo del dinero mostrando cuánto ingreso disponible queda después de considerar cuentas, metas y gastos esenciales. Al vincularse con cuentas financieras, clasifica automáticamente los gastos y los sigue en tiempo real. También incluye funciones como seguimiento de suscripciones y un plan de pago de deudas.

BENEFICIOS

- muestra una visión clara del dinero disponible para evitar gastar de más
- automatiza la categorización de gastos y registra hábitos de consumo
- identifica suscripciones recurrentes y ayuda a gestionarlas o cancelarlas
- ofrece herramientas para crear y seguir un plan personalizado de pago de deudas
- apoya el establecimiento de metas y el seguimiento del progreso financiero

Honeydue

Honeydue es una app financiera diseñada para que las parejas manejen su dinero en conjunto. Permite vincular cuentas, establecer presupuestos, seguir gastos y comunicarse sobre finanzas dentro de la misma app. Los usuarios pueden elegir qué información compartir, promoviendo transparencia sin comprometer la privacidad.

BENEFICIOS

- facilita una comunicación financiera abierta entre parejas
- permite configuraciones de privacidad personalizadas para cuentas individuales y compartidas
- envía recordatorios de pagos para evitar atrasos
- incluye mensajería interna para conversar sobre transacciones y presupuestos
- ayuda a las parejas a alinear sus metas y hábitos financieros

Empower

Empower es una app financiera integral que combina herramientas de presupuesto con funciones como ahorro automático, seguimiento de inversiones y establecimiento de metas financieras. Ofrece una visión completa de la salud financiera al agrupar distintas cuentas y proporcionar análisis de patrones de gasto. Además, Empower ofrece adelantos de efectivo para cubrir gastos inesperados.

BENEFICIOS

- agrega múltiples cuentas financieras para una vista unificada
- ayuda a establecer y seguir metas financieras personalizadas
- incluye funciones de ahorro automático para fomentar la constancia
- permite seguir inversiones y monitorear el rendimiento del portafolio
- ofrece adelantos de hasta $300 sin revisión crediticia ni intereses

Credit Karma

Credit Karma es una app financiera gratuita que ofrece acceso a puntajes de crédito, reportes crediticios y recomendaciones personalizadas para productos financieros. También incluye herramientas como un simulador de puntaje, monitoreo de identidad y calculadoras financieras para ayudar a los usuarios a entender y mejorar su situación financiera.

BENEFICIOS

- ofrece acceso gratuito a puntajes y reportes de crédito de las principales agencias
- brinda recomendaciones personalizadas para mejorar la salud crediticia

- incluye un simulador de puntaje para prever el impacto de decisiones financieras
- monitorea riesgos de robo de identidad y alerta sobre posibles brechas
- ayuda a comparar productos financieros adecuados al perfil del usuario

Emma

Emma es una app de manejo del dinero que se conecta a las cuentas bancarias para ofrecer información en tiempo real sobre gastos, presupuesto y ahorro. Detecta suscripciones, registra gastos y permite establecer presupuestos y metas financieras. Emma también ofrece funciones como ofertas de cashback y el reporte de renta a agencias de crédito.

BENEFICIOS

- agrega múltiples cuentas para una visión financiera completa
- detecta y sigue automáticamente suscripciones recurrentes
- incluye herramientas de presupuesto y análisis de gastos para mayor conciencia financiera
- ofrece ofertas de cashback para ahorrar en compras
- reporta pagos de renta a burós crediticios para ayudar a construir historial

Un ejemplo de la importancia de la educación financiera

Cuando Alex crecía, sus padres no le enseñaron mucho sobre el dinero. Sabía cómo gastarlo, pero no cómo administrarlo. En la adolescencia consiguió su primer trabajo de medio tiempo y se emocionó al ganar su propio dinero. Sin embargo, al gastarlo, se dio cuenta de que no tenía un plan. Compraba ropa, salía con amigos y no pensaba en el futuro. Eventualmente, terminó con poco o nada ahorrado, y el saldo de su cuenta era más bajo de lo esperado. No sabía cómo presupuestar, ahorrar o manejar su dinero de una forma que la preparara para el éxito.

No fue hasta que Alex empezó la universidad que aprendió la importancia de la educación financiera. Su escuela ofrecía talleres sobre presupuesto, ahorro y manejo de gastos, y decidió asistir a uno. Ese taller cambió por completo su perspectiva. Aprendió a registrar sus gastos, empezar a ahorrar—aunque fuera una cantidad pequeña—y evitar gastos innecesarios. Alex comenzó a aplicar estas lecciones en su vida diaria y, con el tiempo, desarrolló hábitos financieros que la ayudaron a tomar decisiones más inteligentes. Se dio cuenta de que la educación financiera no solo trata de gastar, sino de tomar decisiones informadas para asegurar el éxito financiero a largo plazo.

Este conocimiento le permitió tomar control de sus finanzas y le dio confianza en su capacidad para tomar buenas decisiones. Al mirar atrás, reconoce la importancia de enseñar estas habilidades desde temprano. Si hubiera entendido estos conceptos en su niñez o adolescencia, se habría preparado mejor para manejar su dinero y tomar decisiones informadas mucho antes.

La educación financiera es algo a lo que todos deberían tener acceso—ya sea a través de padres, educadores o programas comunitarios—para que las futuras generaciones eviten el estrés y la incertidumbre que vienen con una mala gestión del dinero.

PUNTOS CLAVE

- Entender conceptos financieros es esencial para alcanzar tranquilidad, ya que permite tomar decisiones informadas sobre cómo manejar el dinero.

- Familiarizarse con términos básicos como ingresos, gastos, activos y pasivos es fundamental para administrar el dinero de forma efectiva y tomar decisiones financieras acertadas.

- Un presupuesto bien hecho permite asignar dinero a áreas clave como vivienda (25%–35%), seguros (10%–20%), comida (10%–15%) y ahorros (10%–15%).

- Destinar parte del presupuesto a donaciones (10%–15%) y gastos personales (5%–10%) fomenta responsabilidad financiera y autocuidado.

- Crear el hábito de ahorrar, fijar metas alcanzables y usar sistemas automáticos de ahorro brinda seguridad financiera y prepara para gastos inesperados.

- Reconocer distintos tipos de deuda y aplicar estrategias como los métodos «avalancha» o «bola de nieve» puede reducir la carga financiera y apoyar la estabilidad a largo plazo.

- La educación financiera temprana y constante brinda el conocimiento necesario para tomar decisiones responsables, mejorar los hábitos financieros y fortalecer la salud económica.

- Mantenerse informado sobre cambios en el entorno financiero mediante aprendizaje continuo ayuda a mantener la resiliencia y adaptarse a nuevos retos.

- Contar con una red de apoyo y usar herramientas como apps de presupuesto y programas de educación financiera puede mejorar la gestión del dinero.

- Al mejorar la alfabetización financiera y aplicar técnicas efectivas de presupuesto y ahorro, las personas pueden avanzar hacia la independencia financiera, reducir el estrés y crear oportunidades para un futuro más pleno.

CONTINÚA TU VIAJE DE DEJAR IR

No tienes que recorrer este camino en soledad. Para ayudarte a comenzar con suavidad y valentía, he creado algo especial para acompañarte: un recurso diseñado para guiarte en este proceso de sanación y liberación.

*Para apoyarte en el camino, tendrás acceso al **Curso Complementario Gratuito**: Respira, Suelta, Restaura: 7 días para la sanación emocional y la paz interior.*

Escanea el código QR para desbloquear tu curso gratuito.

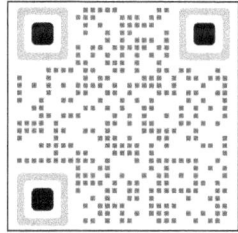

Esta experiencia guiada de 7 días da vida a las enseñanzas de este libro a través de:

- Prácticas de respiración consciente **para calmar cuerpo y mente.**
- **Yoga suave y reflexión** para liberar emociones almacenadas.
- **Atención plena a través del movimiento** para integrar lo aprendido y restaurar el equilibrio.

Cada día te ayuda a encarnar lo que has leído, transformando la conciencia en acción y la acción en transformación.

Inhala paz.
Suelta lo que ya no te sirve.
Restaura tu fortaleza.

Agradecimientos

Este libro es la culminación de experiencias personales y profesionales que han dado forma a mi camino para aprender a soltar el dolor y el trauma del pasado y abrazar la libertad de los nuevos comienzos. Escribir estas páginas ha sido a la vez un proceso sanador y un privilegio, y me siento profundamente honrado de poder llegar a adolescentes, padres, educadores y sanadores que quizá encuentren fuerza y ánimo en estas palabras.

Debo mi más profundo agradecimiento a mis padres, cuyo amor y cuyos valores sentaron las bases de mi resiliencia, y a mis hermanas, cuya presencia ha sido una fuente constante de consuelo e inspiración. A mis hijos, que me siguen recordando la belleza del crecimiento, el cambio y el amor incondicional: Ustedes son mis mejores maestros. También estoy profundamente agradecido con mis amigos cercanos y con las muchas personas especiales que se han cruzado en mi camino, cada una dejando valiosas lecciones y ánimos que me han ayudado a crecer.

Este libro no habría sido posible sin la sabiduría, el apoyo y la amabilidad de quienes creyeron en mí y me inspiraron a perseverar. Su fe alimentó mi pasión por compartir este mensaje de sanación y esperanza con los demás.

Desde lo más profundo de mi corazón, les estoy sincera y eternamente agradecido.

Referencias

Ackerman, C. (2017, 20 de marzo). *25 técnicas de TCC y hojas de trabajo para la terapia cognitivo-conductual*. Positive Psychology. https://positivepsychology. com/cbt-cognitive-behavioral-therapy-techniques-worksheets/

Todo lo que necesitas saber sobre las relaciones saludables. (s. f.). *Mind and Body Counseling Services*. https://mindbodycounselingreno.com/blog/ relationships/all-you-need-to-know-about-healthy-relationships/

Andrews, A. J. (2024, 17 de septiembre). *Cómo abrazar la atención plena : una guía para vivir en el presente*. Medium. https://medium.com/ zone-of-freedom/how-to-embrace-mindfulness-a-guide-to-living-in-the- moment-95e0362ca7e2

Aquin, J. P., El-Gabalawy, R., Sala, T., & Sareen, J. (2017). Trastornos de ansiedad y afecciones médicas generales: investigaciones actuales y direcciones futuras. *American Psychiatric Publishing*, *15*(2), 173–181. https://doi.org/10.1176/ appi.focus.20160044

Arnsten, A., Mazure, C. M., & Sinha, R. (2012). Así funciona tu cerebro en estado de colapso. *Scientific American*, *306*(4), 48–53. https://doi. org/10.1038/scientificamerican0412-48

Beneficios de la educación financiera: ventajas de la alfabetización financiera. (s. f.). NFEC. https://www.financialeducatorscouncil.org/benefits-of-financial- education/

BetterHelp Editorial Team. (2025, 28 de febrero). *Impactos de la presión social*. BetterHelp. https://www.betterhelp.com/advice/general/how-does-social-pressure-impact-our-choices/

Conceptos básicos de presupuestación: la regla 50-30-20. (s. f.). United Nations Federal Credit Union. https://www.unfcu.org/financial-wellness/50-30-20-rule/

Carter, S. (2024, 10 de julio). *25 técnicas de anclaje para apoyar el bienestar mental*. All Points North. https://apn.com/resources/25-grounding-techniques-to-support-mental-wellness/

CFI Team. (s. f.). *Alfabetización financiera*. Corporate Finance Institute. https://corporatefinanceinstitute.com/resources/wealth-management/financial-literacy/

Chae, C. (2024, 13 de junio). Construir amistades saludables. *Abundance Therapy Center*. https://www.abundancetherapycenter.com/blog/building-healthy-friendships

CounselorAid. (2024, 8 de noviembre). Habilidades de regulación emocional de TDC para gestionar el estrés laboral. https://counseloraid.com/dbt-emotion-regulation-skills-for-managing-workplace-stress/

Craft, L. L., & Perna, F. M. (2004, 1 de junio). Los beneficios del ejercicio para la depresión clínica. *The Primary Care Companion to the Journal of Clinical Psychiatry*, *06*(03), 104–111. https://doi.org/10.4088/pcc.v06n0301

Cuncic, A. (2024, 12 de febrero). Siete técnicas de escucha activa para una mejor comunicación. Verywell Mind. http://www.verywellmind.com/what-is-active-listening-3024343

Elise, C. (2019, 10 de noviembre). *Rituales para dejar ir*. Medium. https://medium.com/@septemberstar/rituals-for-letting-go-910b6a933689

Empoderar a los estudiantes con habilidades de asertividad. (s. f.). Care Clinics. https://care-clinics.com/empowering-students-with-assertiveness-skills/

Fernando, J. (2024, 7 de junio). Alfabetización financiera: qué es y por qué es tan importante. Investopedia. https://www.investopedia.com/terms/f/financial-literacy.asp

5 estrategias de resolución de conflictos para el entorno laboral. (2024, 17 de diciembre). *Champlain College Online.* https://online.champlain.edu/blog/top-conflict-resolution-strategies

5 formas en que el estrés puede afectar tu memoria (y qué hacer al respecto). (s. f.). *Calm Blog.* https://www.calm.com/blog/stress-and-memory

Godwin, J. (2023, 12 de marzo). *Hablemos de... la individualidad.* Let's Talk about Mental Health. https://letstalkaboutmentalhealth.com.au/2023/03/12/individuality/

Guía para desarrollar una mentalidad de crecimiento. (2024, 16 de diciembre). Tavahealth. https://www.tavahealth.com/resources/guide-growth-mindset

Hancock, J. (s. f.). *¿Cuáles son tus valores?.* Mind Tools. https://www.mindtools.com/a5eygum/what-are-your-values

Holland, K. (2025, 18 de abril). Secuestro de la amígdala: cuando la emoción toma el control. Healthline. https://www.healthline.com/health/stress/amygdala-hijack

¿Cómo podemos proteger, promover y mantener la imagen corporal? Mental Health Foundation. https://www.mentalhealth.org.uk/our-work/research/body-image-how-we-think-and-feel-about-our-bodies/how-can-we-protect-promote-and-maintain-body-image

Cómo el contacto con la naturaleza puede mejorar tu estado de ánimo. (2024, 9 de abril). Cleveland Clinic. https://newsroom.clevelandclinic.org/2024/04/09/how-the-outdoors-can-improve-your-mood

Cómo abrazar la autoaceptación y cultivar la autocompasión. (s. f.). Changes Big and Small. https://changesbigandsmall.com/how-to-embrace-self-acceptance-and-cultivate-self-compassion/

Cómo fomentar una mentalidad de crecimiento en el aula. (2020, 10 de diciembre). School of Education, *American University.* https://soeonline.american.edu/blog/growth-mindset-in-the-classroom/

Cómo manejar la presión de grupo. (s. f.). Fairfax County Public Schools. https://www.fcps.edu/student-wellness-tips/peer-pressure

Howards, Y. (2024, 19 de agosto). El poder del perdón en la sanación emocional. *Brighter Tomorrow Counseling Services.* https://brightertomorrowtherapy. com/power-of-forgiveness/

Hurley, K. (2024, 29 de julio). Resiliencia: una guía para afrontar los desafíos, adversidades y crisis de la vida. Everyday Health. https://www.everydayhealth. com/wellness/resilience/

Eje hipotálamo-hipófisis-suprarrenal (HHS). (2024, 12 de abril). Cleveland Clinic. https://my.clevelandclinic.org/health/body/hypothalamic-pituitary-adrenal-hpa-axis

La importancia de los límites para tu bienestar mental: desde la mirada de un terapeuta en Birmingham. (s. f.). Empower Counseling & Coaching. https:// empowercounselingllc.com/the-importance-of-boundaries-for-your-mental-wellbeing/

Insight Timer Editorial Team. (s. f.). Las 10 mejores técnicas de atención plena para profesionales resilientes al estrés. *Insight Timer Blog.* https://insighttimer. com/blog/mindfulness-grounding-techniques-for-professionals/

Kohrt, B. A., Ottman, K., Panter-Brick, C., Konner, M., & Patel, V. (2020). Por qué sanamos: la evolución de la sanación psicológica y sus implicaciones para la salud mental global. *Clinical Psychology Review*, *82*(82). https://doi. org/10.1016/j.cpr.2020.101920

Lee, R. (s. f.). *El poder del perdón en la sanación emocional.* Families. https:// vocal.media/families/the-power-of-forgiveness-in-emotional-healing

Lumley, M. A., Cohen, J. L., Borszcz, G. S., Cano, A., Radcliffe, A. M., Porter, L. S., Schubiner, H., & Keefe, F. J. (2011). Dolor y emoción: una revisión biopsicosocial de investigaciones recientes. *Journal of Clinical Psychology*, *67*(9), 942–968. https://doi.org/10.1002/jclp.20816

Mayer, H. (2023, 3 de julio). *El arte de la autocompasión: un viaje hacia el bienestar mental y el crecimiento personal.* Inner Space Counselling. https:// innerspacecounselling.com.au/the-art-of-self-compassion-a-journey-to-mental-well-being-and-self-improvement/

Mayo Clinic Staff. (2022, 11 de octubre). *Ejercicios de atención plena* . Mayo Clinic. https://www.mayoclinic.org/healthy-lifestyle/consumer-health/in-depth/mindfulness-exercises/art-20046356

Mayo Clinic Staff. (2025, 27 de marzo). *Grupos de apoyo: crear conexiones y recibir ayuda*. Mayo Clinic. https://www.mayoclinic.org/healthy-lifestyle/stress-management/in-depth/support-groups/art-20044655

McEwen, B. S. (2017). Efectos neurobiológicos y sistémicos del estrés crónico. *Chronic Stress*, *1*(1). https://doi.org/10.1177/2470547017692328

Michot, E. (2023). *El papel de las expectativas sociales en el desarrollo de tendencias autocríticas*. Academia. https://www.academia.edu/104726604/The_Role_Of_Societal_Expectations_In_The_Development_Of_Self_Critical_Tendencies

Meditación de atención plena : tipos, estrategias y beneficios. (2024, 10 de junio). *Bloomington Meadows Hospital*. https://bloomingtonmeadows.com/blog/mindfulness-meditation-types-strategies-benefits/

Técnicas de atención plena para una mejor salud mental. (s. f.). *Hope Mountain Behavioral Health*. https://www.myhopemountain.org/blog/mindfulness-techniques-for-better-mental-health

Modern Recovery Editorial Team. (2023, 6 de julio). *Expresión emocional: definición, beneficios y técnicas.* https://modernrecoveryservices.com/wellness/coping/skills/emotional/emotional-expression/

Morgan, L. (2024, 4 de diciembre). 5 formas de evitar errores comunes de endeudamiento con herramientas financieras inteligentes. *Morgan & Morgan.* https://morganlawyers.com/5-ways-to-avoid-common-debt-pitfalls-with-smart-financial-tools/

National Institutes of Health. (s. f.). *Kit de herramientas para el bienestar emocional.* https://www.nih.gov/health-information/emotional-wellness-toolkit

Norelli, S. K., Long, A., & Krepps, J. M. (2023, 28 de agosto). *Técnicas de relajación*. StatPearls Publishing. https://www.ncbi.nlm.nih.gov/books/NBK513238/

Superar obstáculos: estrategias para la resiliencia y la adaptabilidad. (s. f.). Think Coaching Academy. https://www.thinkcoachingacademy.co.za/overcoming-obstacles-strategies-for-resilience-and-adaptability/

Pederson, L. (2019, 17 de octubre). Ejercicios de atención plena : 73 formas de practicar la técnica. *The MHS Journals.* https://www.mhs-dbt.com/blog/mindfulness-exercises/

Presión o influencia de grupo: preadolescentes y adolescentes. (2024, 8 de mayo). Raising Children Network. https://raisingchildren.net.au/teens/behaviour/peers-friends-trends/peer-influence

Pennock, S. F. (2024, 31 de octubre). Comprender la importancia de abrazar tu verdadero yo en el coaching de autenticidad. *Quenza.* https://quenza.com/blog/embracing-your-true-self/

Perry, E. (2023, 8 de agosto). El significado de los valores personales: cómo dan forma a tu vida. *Betterup.* https://www.betterup.com/blog/meaning-of-personal-values

Perry, E. (2024, 26 de marzo). 33 propuestas de escritura para fortalecer la autoestima, la confianza y la autocompasión. *Betterup.* https://www.betterup.com/blog/self-esteem-journal-prompts

Peterson, M. (2023, 25 de mayo). La carga persistente: exploración de los efectos a largo plazo del estrés en el bienestar mental y su impacto en la vida de una persona. *Balanced Spine Center.* https://balancedspinecenter.com/blog/the-lingering-burden-exploring-the-long-term-effects-of-stress-on-mental-wellness-and-its-impact-on-a-person-s-life

Purdue Global. (2024, 10 de enero). Cómo establecer metas profesionales para ti mismo. *Purdue Global.* https://www.purdueglobal.edu/blog/careers/setting-professional-goals-with-examples/

Criar hijos empáticos: construir una sociedad más inclusiva. London Governess. https://londongoverness.com/raising-empathetic-children-building-a-more-inclusive-society/

Raypole, C. (2025, 28 de mayo). Cómo optimizar tus hormonas para mejorar tu estado de ánimo. Healthline. https://www.healthline.com/health/happy-hormone

Riess, H. (2017). La ciencia de la empatía. *Journal of Patient Experience*, 4(2), 74–77. https://doi.org/10.1177/2374373517699267

Robinson, L., Segal, J., & Smith, M. (2025, 13 de marzo). *Comunicación eficaz: mejorar tus habilidades interpersonales.* Help Guide. https://www.helpguide.org/relationships/communication/effective-communication

Schmitz, T. (2016, 3 de junio). *La importancia de la conciencia emocional en la comunicación.* The Conover Company. https://www.conovercompany.com/the-importance-of-emotional-awareness-in-communication/

Establecer objetivos financieros SMART. (2024, 31 de julio). *Desert Financial.* https://www.desertfinancial.com/en/learn/blog/financial-education/smart-goals

7 posturas de yoga calmantes para aliviar el estrés. (2024, 11 de junio). *Palladium Private.* https://www.palladiumprivate.com/blog/7-yoga-poses-for-stress-relief/

Shonk, K. (2025, 25 de mayo). *3 estrategias de negociación para la resolución de conflictos.* Harvard Law School. https://www.pon.harvard.edu/daily/dispute-resolution/3-negotiation-strategies-for-conflict-resolution/

Objetivos SMART. (s. f.). Khan Academy. https://www.khanacademy.org/college-careers-more/financial-literacy/xa6995ea67a8e9fdd:financial-goals/xa6995ea67a8e9fdd:smart-goals/a/smart-goals

Stef, S. (2023, 26 de noviembre). Habilidades de comunicación eficaz: consejos sobre escucha activa, asertividad, resolución de conflictos y fomento de relaciones saludables. Medium. https://medium.com/@stellafong/effective-communication-skills-tips-for-active-listening-assertiveness-conflict-resolution-and-2dcdf6430ace

Sutton, J. (2018, 14 de mayo). *5 beneficios de llevar un diario para la salud mental.* Positive Psychology. https://positivepsychology.com/benefits-of-journaling/

Taylor, D. (2023, 28 de julio). Escucha activa y empatía para mejores relaciones laborales. *Forbes.* https://www.forbes.com/councils/forbesbusinesscouncil/2023/07/28/active-listening-and-empathy-for-better-working-relationships/

10 estrategias eficaces para gestionar emociones abrumadoras. (s. f.). TDC of South Jersey. https://dbtofsouthjersey.com/how-to-manage-overwhelming-emotions/

10 estrategias para evitar endeudarse. (s. f.). Central Bank. https://www.centralbank.net/learning-center/strategies-to-avoid-debt/

Tickner, A. (2024, 4 de noviembre). Fundamentos para establecer objetivos: metas a corto y largo plazo para el éxito. *Speexx.* https://www.speexx.com/speexx-blog/goal-setting-basics-long-term-and-short-term-goals-for-success/

United Way NCA. (2023, 6 de junio). Alfabetización financiera juvenil: ¿por qué es importante? *United Way of the National Capital Area.* https://unitedwaynca.org/blog/financial-literacy-for-youth/

wadmin. (2024a, 16 de febrero). *Desencadenantes emocionales: por qué importan y cómo gestionarlos eficazmente.* Mindful Health Solutions. https://mindfulhealthsolutions.com/emotional-triggers-why-they-matter-how-to-manage-them-effectively/

wadmin. (2024b, 19 de julio). Identifica tus desencadenantes personales en 7 pasos sencillos y fortalece tu salud mental. Mindful Health Solutions. https://mindfulhealthsolutions.com/find-your-personal-triggers-in-7-simple-steps/

wadmin. (2024c, 9 de agosto). *24 formas de transformar pensamientos negativos con técnicas cognitivo-conductuales.* Mindful Health Solutions. https://mindfulhealthsolutions.com/24-ways-to-transform-negative-thoughts-with-cognitive-behavioral-techniques/

Walsh, J. (2015, 12 de julio). *La importancia de crear nuestros propios rituales.* Jessica A. Walsh. https://www.jessicaannwalsh.com/2015/07/creating-rituals.html/

Whiteside, E. (2024, 22 de agosto). *La regla presupuestaria 50/30/20 explicada con ejemplos.* Investopedia. https://www.investopedia.com/ask/answers/022916/what-502030-budget-rule.asp

Por qué la positividad corporal es importante. (2024, 15 de octubre). Blue Ridge Treatment. https://www.blueridgetreatment.com/post/why-body-positivity-is-important

Wondermed. (2023, 17 de octubre). 10 formas de incorporar la atención plena en tu vida. https://blog.wondermed.com/10-ways-to-incorporate-mindfulness/

Wright, K. W. (2023, 2 de junio). Autorreflexión: más de 300 preguntas poderosas para mirar hacia dentro. *Day One*. https://dayoneapp.com/blog/self-reflection/

Jerome Puryear, MD, MBA, Dipl ABOM, es médico, emprendedor y un defensor del bienestar con más de 25 años de experiencia ayudando a las personas a liberarse del estrés, la ansiedad y la falta de confianza en sí mismas. Desde la combinación única de experiencia médica y visión de negocio, con una certificación como Health & Well-Being Coach de la Universidad de Duke, ayuda a adolescentes y jóvenes adultos a soltar cargas emocionales y vivir con mayor claridad, resiliencia y propósito. *El arte de dejar ir el dolor emocional y las relaciones tóxicas* es la guía para construir una vida más sana y auténtica, de adentro hacia afuera.

GRACIAS POR LEER

Tu camino significa mucho.

Si este libro te dio esperanza, te ayudó a dejar ir algo,
o te recordó tu propia fortaleza,
me encantaría leerte.

Por favor, tómate un momento para dejar una reseña en Amazon—
tus palabras ayudan a que este mensaje llegue a quienes también lo necesitan.

Escanea el código QR de abajo
para compartir lo que piensas.

Tu reflexión puede ser exactamente
lo que otra persona necesita
para comenzar su proceso de sanación.

www.ingramcontent.com/pod-product-compliance
Lightning Source LLC
Chambersburg PA
CBHW060416130626

46555CB00005B/2091